Himmelhochhoppla

W0195209

© Jochen Nies

Christian Tielmann wurde 1971 in Wuppertal geboren. Er studierte Philosophie und Germanistik in Freiburg und Hamburg. Heute lebt er in Detmold und schreibt sehr erfolgreich Kinder- und Jugendbücher, die in mehr als 20 Sprachen übersetzt und mehrfach ausgezeichnet wurden.

Christian Tielmann

Himmelhochhoppla

Zehn ziemlich weihnachtliche
Geschichten

Mit Illustrationen von
Cornelia Haas

Außerdem von Christian Tielmann im Carlsen Verlag lieferbar (Auswahl):

Kommissar Niklas und die Schlittenschieberbande
Kommissar Schlotterteich: Watch out! – In London auf Verbrecherjagd
School of the dead (Band 1–5)
Sommer, Sonne, Sonnenschein
Mein Freund Max (Bilderbuchserie)

Sonderausgabe
Veröffentlicht im Carlsen Verlag
Oktober 2019
Copyright © 2014, 2019 Carlsen Verlag GmbH, Hamburg
Umschlagbild: Gerhard Schröder
Umschlaggestaltung: formlabor
Innenillustrationen: Cornelia Haas
Corporate Design Taschenbuch: bell étage
ISBN 978-3-551-31873-2

Carlsen-Newsletter: Tolle Lesetipps kostenlos per E-Mail!
Unsere Bücher gibt es überall im Buchhandel und auf carlsen.de.

Inhalt

Nein, den Josef küss ich nicht!

Mein Vater hat an Weihnachten niemals frei. Das liegt daran, dass er Pfarrer ist. Während sich andere Leute am 24. und 25. und 26. Dezember die Bäuche vollschlagen und Geschenke auspacken, hat mein Vater alle Hände voll zu tun: Denn an diesen drei Tagen hagelt es Gottesdienste.

Besonderer Höhepunkt ist immer der große Familiengottesdienst an Heiligabend um 16 Uhr. Da ist die Kirche so vollgestopft mit Kindern, Eltern und Großeltern, dass es echt ein gutes Geschäft wäre, wenn man Eintritt verlangen würde. Auch aus meiner Klasse kommen dann jede Menge Schülerinnen und Schüler mit ihren Familien, denn für diesen Gottesdienst lässt sich mein Vater immer was Besonderes einfallen.

Einmal hat er eine Rockband gebucht, die die komplette Weihnachtsgeschichte mit E-Gitarren und unglaublich vielen Trommeln vorgesungen und -getanzt hat. Das war so laut, dass die Kirchenbänke nur so wackelten. Ein anderes Mal durfte sich eine verrückte Licht-Künstlerin austoben: Die hat die ganze Kirche erst einmal dunkel gelassen, nur eine Kerze war angezündet. Aber nach und nach kamen immer mehr Kerzen, Scheinwerfer und Nachttischlämpchen dazu, und als Jesus dann am Schluss geboren war und angebetet wurde, gab es eine Mega-Lasershow mit Nebelmaschine und allem, was dazugehört.

Mein Vater hat also meistens gute Ideen für den Weihnachtsgottesdienst.

Moment, stopp. Der letzte Satz war sehr wichtig.

Genau genommen nur ein Wort in diesem Satz.

Also, bitte noch einmal ganz langsam lesen: Mein | Vater | hat | also | meistens | gute | Ideen | für | den | Weihnachtsgottesdienst.

Das wichtige Wort ist: MEISTENS.

Dieses Wort hat es in sich. Es klingt ganz harmlos, ist aber so fies wie eine Mausefalle.

Keiner weiß das besser als ich, schließlich bin ich Torwart. »Ulf schießt *meistens* nach links«, flüstert mir einer beim Elfmeter zu. Meistens. Das heißt dann: vielleicht, vielleicht auch nicht.

Meistens hat mein Vater also gute Ideen für den Weihnachtsgottesdienst. In diesem Jahr wollte er den nagelneuen Kinderchor singen lassen und er wollte auch, dass Kinder die Weihnachtsgeschichte aufführen. Ein echtes Krippenspiel eben.

»Florian und Lara, was meint ihr?«, fragte er meine große Schwester und mich Anfang Dezember. »Macht ihr mit?«

Wir fanden die Idee prima und haben sofort jede Menge Kinder aus unseren Klassen gefragt. Die Rollen waren ruck, zuck verteilt: Von Adam bis Zoran wollten alle Jungs aus dem Religionsunterricht mitmachen, egal ob sie Ochs oder Esel, Engel, Hirte, König oder Hotelwirt spielen sollten. Und auch die christliche Hälfte der Mädchen war von Charlotte bis Lea dabei.

Es sah also nach einer guten Idee von meinem Vater aus. Aber das war sie nicht. Die Idee war schlecht. Und zwar richtig, richtig schlecht. Ich meine jetzt nicht so schlecht wie sechs Tore als Torwart kassieren. Sondern noch viel schlechter. Also wirklich schlecht. Total schlecht. So schlecht, wie einem wird, wenn man verdorbenes Schweinefleisch ist.

Aber das ahnte mein Vater natürlich nicht. Noch nicht mal bei den ersten Proben, obwohl der Chor verflixt laut und verflixt falsch sang. Die trafen die Töne nicht und der Text war auch nicht so ganz richtig. Statt »Ihr Kinderlein kommet, o kommet *doch* all« klang es immer so, als würde mindestens die Hälfte singen: »Ihr

Kinderlein kommet, o kommet *ins* All«. Zum Glück passte das trotzdem einigermaßen, schließlich sollte der Chor ja eine fröhliche und feierliche Schar Engel spielen.

Meine Schwester und ich kennen die Weihnachtsgeschichte natürlich in- und auswendig. Deshalb haben wir auch die Hauptrollen gekriegt: Ich war der Erzähler-Engel und Lara durfte die Maria sein. Das wollte sie unbedingt, weil der schöne Adrian den Josef spielen würde, und meine Schwester war ein bisschen verknallt in den schönen Adrian. Ich glaube, sie wollte gerne, dass sich Maria und Josef küssen, wenn das Jesuskind da so liegt und alle glücklich sind.

Aber daraus wurde nichts. Denn der schöne Adrian machte dann doch nicht mit. Auch der halbe Chor fiel aus. Und der Wirt, einer der Hirten, Ochs und Esel und die drei Weisen aus dem Morgenland sowieso.

Schuld daran war unsere Schulkantine. Die Köche haben nämlich am vorletzten Schultag Frikadellen für die Fleischfresser gemacht und Falafel für die Vegetarier und alle, die kein Schweinefleisch essen dürfen. Ich hab natürlich die Falafel genommen, weil es dazu Reis gab und zu den Frikadellen nur Matschkartoffeln.

Das war mein Glück. Denn das Schweinefleisch war wohl nicht mehr gut, jedenfalls fehlten bei mir in der Klasse am letzten Schultag von Charlotte bis Lea

so ziemlich die Hälfte der Mädchen und von Adam bis Zoran zwei Drittel der Jungs. Nur die Moslems, die Vegetarier und ich waren noch gesund. Die Fleischfresser hatten alle Magen-Darm. So sagen die Erwachsenen, wenn sie meinen, dass man tierischen Durchfall hat und sich gleichzeitig übergeben muss.

Dummerweise sah es in Laras Klasse nicht besser aus und damit war das Krippenspiel so ziemlich lahmgelegt.

Als wir mit dieser schlechten Nachricht nach Hause kamen, kriegte mein Vater erst einen Lach- und dann einen Heulkrampf. Normalerweise ist mein Vater sehr einfallsreich. Aber drei Tage vor Heiligabend, da wusste er einfach nicht weiter. Er saß in seinem Sessel und murmelte: »Himmel, schick mir ein Wunder und du wirst reich belohnt werden.«

Das klang in meinen Ohren gar nicht schlecht. Das klang sogar ziemlich gut. Denn ich hatte auf meiner Wunschliste noch die ein oder andere Kleinigkeit, bei der ich mir ziemlich sicher war, dass sie nicht in Erfüllung gehen würde.

»Wie reich belohnt?«, fragte ich also.

Mein Vater seufzte. »Wer den Gottesdienst rettet, kriegt von mir aus ein Pferd. Oder einen Ochs und einen Esel. Schließlich ist ja Weihnachten.«

Pferd. So ein Blödsinn. Was sollte ich mit einem

Pferd? »Könnte ich das Pferd auch gegen einen Hund eintauschen?«

Mein Vater nickte matt. »Klar. Oder ein Rudel Wölfe. Florian, ich bin geliefert. Ich gebe auf. Ich kündige. Ich werde Wirt. Oder Schäfer.«

Er knurrte und jammerte noch mehr, aber das hörte ich nicht, weil ich schon am Telefon hing, um meine gesamte Fußballmannschaft zusammenzutrommeln.

»Ich bin der Torwart. Ich stehe bei jedem Spiel hinter euch. Jetzt müsst ihr einmal hinter mir stehen«, sagte ich zu jedem von ihnen. Und wenn doch noch einer murrte, schob ich das hinterher: »Wir verlieren das nächste Spiel 6:0, wenn du nicht kommst.«

Eine halbe Stunde später stand der gesunde Teil der Mannschaft bei meinem Vater vor der Kirchentür: Yussuf, Ben, Tarek und Mahmut der Knipser, außerdem Elsa, Mia (Spitzname: Mama Mia) und natürlich Oskar Stoppersocke. Nur Vegi-Paule, der Mittelstürmer, war entschuldigt, weil seine Familie gerade ein Baby gekriegt hatte. Paule war den lieben langen Tag mit seinem neuen Schwesterlein beschäftigt und hatte echt keine Zeit für ein Krippenspiel. Außerdem war er Atheist. Atheisten sind Leute, die an gar keinen Gott glauben. Deshalb hat Vegi-Paule keinen Plan von Jesus und so.

Allerdings war das bei den anderen auch nicht viel besser: Yussuf, Tarek und Mahmut sind Moslems, die wussten gerade mal, wie man Jesus schreibt. Elsa und Mama Mia hatten immerhin schon mal in einer Kirche gesessen. Aber sie meinten, das sei voll langweilig gewesen, und außerdem kapierten sie nicht, was der Tannenbaum mit einem Baby und der Stall mit einem Stern zu tun haben sollten.

Als mein Vater die Fußballbande sah, guckte er auf eine Art, die mir ganz und gar neu war. Irgendwie schien er nicht zu wissen, ob er lachen oder sich fürchten sollte. Er rieb sich die Augen und da erst kapierte ich, was mit ihm los war: Mein Vater guckte ungläubig! – Ausgerechnet ein Pfarrer!

»Papa, das hier ist die B-Mannschaft für das Krippenspiel«, erklärte ich ihm also. »Und es ist das bestellte Wunder.« Etwas leiser fügte ich hinzu: »Hoffe ich.«

Mein Vater überlegte hin und her. Schließlich murmelte er: »Man muss die Wunder nehmen, wie sie kommen.« Dann führte er die ganze Bande mitsamt der gesunden Hälfte des Engelschors in die Kirche. Und weil er ja einfallsreich ist, beschloss mein Vater, dass Yussuf, Mahmut und Tarek die Weisen aus dem Morgenland sein sollten. »Das passt doch super.«

»Nö, das passt gar nicht«, sagte der Yussuf.

»Aber ihr seid doch alle aus der Türkei«, meinte mein Vater. »Und das ist doch von uns aus gesehen Morgenland.«

»Aber erstens ist euer Jesus doch aus Israel und von da aus gesehen ist die Türkei eher Nordenland als Morgenland, und zweitens bin ich aus Gelsenkirchen!«, sagte der Yussuf.

»Ja, okay, aber deine Mutter und dein Vater.«

»Die sind aus Hagen und Wuppertal«, sagte der Yussuf. »Und außerdem spiel ich den Josef und küss die Lara, das ist schon beschlossene Sache. Fragen Sie Florian.«

Mein Vater guckte mich an wie ein wütender Porsche im Stau. Klar, das hatte ich ihm nicht gesagt, dass die Rollen schon verteilt waren. Aber das ging einfach nicht anders, weil der Yussuf erst nicht mitmachen wollte. Ich wusste, dass der ein bisschen in meine Schwester Lara verliebt ist. Da habe ich ihm eben versprochen, dass er der Josef sein kann und dann die Maria küssen dürfe.

Mein Vater seufzte und nickte, aber meine Schwester plärrte sofort: »Nein, den Yussuf küss ich nicht!«, und wollte dann doch lieber ein Weiser aus dem Morgenland oder aus Gelsenkirchen sein statt die Maria. Oder sogar Ochs oder Esel.

Ich dachte in dem Augenblick, dass Esel echt die

perfekte Rolle für sie wäre. Aber ich bin ja nicht blöde und hielt den Mund, während mein Vater Frieden stiftete und die Rollen neu verteilte.

Am Ende blieb Yussuf Josef und Elsa wurde Maria, weil sie den Yussuf immer schon mal küssen wollte. Mahmut und Tarek waren Ochs und Esel, wollten aber lieber Tiger und Zebra sein, weil sie da noch supercoole Kostüme vom letzten Karneval hatten. Das brachte wiederum zwei der Weisen aus dem Morgenland (Ben und Oskar Stoppersocke) auf die Idee, sich auch coolere Kostüme auszusuchen, und sie überlegten laut, welche, bis meine Schwester auf den Tisch schlug und sagte, dass alle Fußballer jetzt mal die Luft anhalten sollten.

Nur Mia war echt zufrieden mit ihrer Rolle: Sie sollte den Wirt spielen, mit einem dicken Kissen als Bauch, und musste einen Satz sagen: »Alles voll, zieht weiter!« Diese Worte wiederholte sie ständig, auch als meine Schwester für Ruhe sorgen wollte. Das fanden alle lustig. Nur meine Schwester nicht.

Mein Vater beendete die Diskussion und dann zogen wir diese Probe durch. Das war vor allem für mich als Erzähler-Engel ein ziemliches Kunststück. Und bald war ich mir auch nicht mehr so sicher, ob es eine gute Idee gewesen war, für dieses Weihnachtswunder zu sorgen. Schließlich würden wir uns bis auf die Knochen blamieren, so viel stand fest. Aber am Ende bekam ich einen Hund geschenkt, das hatte mein Vater ja versprochen. Und irgendwie schien es mir besser, ein blamierter Hundebesitzer zu sein als ein nicht-blamierter Hunde-Nichtbesitzer.

Das dachte ich jedenfalls noch in der Nacht vom 23. auf den 24. Dezember. Und ich dachte es sogar noch, als sich die Kirche am 24. Dezember füllte.

Alle waren gekommen, um unser Krippenspektakel zu sehen: Mein Klassenlehrer, der Klavierlehrer meiner Schwester – selbst unser Fußball-Trainer war da. Und sogar der atheistische Vegi-Paule saß mitsamt dem Baby in der zweiten Reihe und betrachtete gespannt den Stall und das Hotel, das wir neben dem Altar aufgebaut hatten. Der Chor stand schon beim Altar bereit. Wir Schauspieler waren noch hinter der Hotelkulisse versteckt. Ich hatte ein langes weißes Engelskostüm an und glitzernde Flügel umgeschnallt.

»Cool!«, flüsterte ich, als ich durch das Schlüsselloch der Hoteltür in den Kirchenraum sah. Ich spiele total gerne Theater und so ein großes Publikum hatte ich noch nie. Die prickelnde Aufregung stieg in mir auf wie die Blubbels in einem Glas Cola. Dieses Gefühl liebe ich ganz besonders.

Dummerweise zeigte ich die Zuschauer auch Mia und die wurde ganz bleich.

»Wieso sind da so viele Leute?«, fragte sie.

»Es ist Weihnachten«, sagte ich.

»Aber ich dachte, das ist ein Gottesdienst. Da kommen doch nur drei stocktaube Omas und Opas.« Mia guckte noch einmal durch das Schlüsselloch und entschied: »Lieber 6:0 verlieren als das!« Sie schnallte sich den dicken Bauch ab.

»Aber Mia! Du kannst uns doch jetzt nicht hängenlassen!«, rief ich.

Mia überlegte kurz und sagte dann: »Doch, kann ich.« Und weg war sie.

Mein Vater kam zu uns hinter das Hotel, in seinem schwarzen Talar, in dem er immer so feierlich wirkt. Aber er hatte fast so viel Lampenfieber wie Mia. »Und, wie sieht es aus? Alles klar? Alle am Start?«

»Der Wirt ist gerade abgehauen!«, sagte ich.

»Was? Jetzt?«

»Holen wir eben Paule!«, schlug Yussuf vor.

»Kennt der denn die Weihnachtsgeschichte?«, fragte mein Vater.

Yussuf nickte. »Klar, die kennt doch jeder.«

Da war ich mir bei Paule nicht ganz so sicher, aber wir hatten eh keine andere Wahl mehr. Also fragten wir ihn, ob er mitmachen würde, und er sagte Ja, weil seine kleine Schwester gerade sowieso schlief und seine Mutter meinte: »Klar, geh mit deinen Freunden spielen, Paul.« Also einen richtigen Plan, was ein Krippenspiel war, hatte Pauls Mutter wohl nicht. Genauso wenig wie Paul.

Aber die Rolle war ja ganz einfach.

»Wenn Maria, also Elsa, bei dir an die Tür klopft, dann sagst du: ›Alles voll. Zieht weiter.‹«

»Mach ich, Torwart«, sagte Paule. »Wer ist Maria?«

»Die Mutter von Jesus.«

»Logisch«, sagte Paule. »Und wer ist Jesus?«

Mein Vater verdrehte die Augen und ging schon mal zum Altar, um die Gemeinde zu begrüßen.

»Jesus ist das Baby«, erklärte ich. »Der wird an Weihnachten geboren.«

Da war Paule Feuer und Flamme. »Echt? Das ist 'ne Geschichte mit Baby?«

Ich seufzte und dann erzählte ich Paule die Weihnachtsgeschichte. Also die Zwei-Minuten-kurz-vor-dem-Auftritt-Schnellversion: »Spitz die Ohren, Paule, ich sage das alles nur einmal! Maria und Josef wandern nach Bethlehem, weil der Kaiser das will. Maria ist schwanger, sie finden kein Hotelzimmer. Sie kriegt das Baby, also Jesus, in einem Stall. Ein Engel fliegt zu den Hirten und sagt denen, was los ist. Die Hirten gehen zum Stall und beten das Kind an. Die drei Weisen aus dem Morgenland folgen einem Stern und beten das Baby auch an. Dann singen die Engel. Fertig.«

Dass es ein Riesenfehler gewesen war, Vegi-Paule die Einzelheiten zu erzählen, merkte ich erst mitten im Spiel, kurz nachdem ich in meiner Rolle als Erzähler-Engel sagte: »Sie kamen an die letzte Herberge in Bethlehem.«

Maria und Josef, also Yussuf und Elsa, die ihren besten Fußball unter dem Pulli hatte, damit sie auch schön schwanger aussah, klopften an die Tür.

Der Wirt, gespielt von Vegi-Paule, öffnete die Hoteltür. Paule sah Elsa und Yussuf oder Maria und Josef, also jedenfalls sagte er: »Hej, wenn das mal nicht gleich 'ne krachende Geburt gibt.« Dann rief er in sein Hotel: »Ist ein Arzt da?«

Der Erzähler-Engel, also ich, begann zu schwitzen. Denn so ging das natürlich nicht. Ich sagte: »Aber leider hatte der Wirt kein Zimmer mehr frei.«

»Doch, klar, das passt schon. Ihr könnt mein Bett haben‹, sagte der Wirt!«, sagte Paule.

»Aber leider hatte der Wirt vergessen, dass er sein eigenes Bett schon an zwei sehr alte und kranke Gäste vergeben hatte«, sagte ich, der Erzähler-Engel.

»Aber das Bett meiner Frau, das geht schon noch«, sagte der Wirt, also Paule.

»Doch das Bett seiner Frau teilten sich schon sein Vater und seine drei Kinder«, hielt ich dagegen und wurde allmählich sauer auf Paule.

»Quatsch nicht«, sagte Paule. »Die können auch mal auf dem Fußboden pennen oder einfach die Nacht durchfeiern! Schließlich ist doch Weihnachten. Und die Frau hier kriegt gleich ein Baby!«

Dazu fiel mir nichts mehr ein. Paule hatte ja irgendwie Recht. Das war ganz schön bescheuert an der Weihnachtsgeschichte, dass Maria und Josef keinen Platz fanden. Total ungerecht. Und irgendwie gibt es doch immer noch irgendwo Platz. Ich sah zu meinem Vater. Schließlich war der ja der Pfarrer. Aber er reagierte nicht, tupfte sich nur den Schweiß von der Stirn.

Schließlich griff meine Schwester ein. »Zieht weiter, alles voll!«, sagte sie.

»Und wer bist du?«, fragte Paule. »Das ist immer noch mein Hotel! Ich bin der Wirt und bei mir können so viele Babys auf die Welt kommen, wie sie wollen. Schließlich sind Babys das Süßeste und Schönste und Beste, was es gibt!« Dann fügte er noch etwas hinzu, das ich nicht genau verstand, ich glaube aber, es war: »Und Fußball.«

Ich schwitzte jetzt mindestens so sehr wie mein Vater und in der Kirche wurde gelacht und gekichert. Meine Schwester guckte Paule so wütend an, wie meine Mutter immer guckt, wenn mein Vater mal wieder versucht ein Schweinefilet zu braten. Und da wusste ich plötzlich, welche Rolle Lara gerade spielen könnte.

»Das war die Frau des Wirts. Und der Wirt macht eben immer das, was seine Frau ihm sagt«, erklärte ich in meiner Rolle als Erzähler-Engel.

»Genau!«, knurrte meine Schwester, die einen Kopf größer ist als Paule. »Die beiden können von mir aus in dem Stall da hinten übernachten! Und du hältst jetzt die Klappe, Paule!«

Die Gemeinde lachte schallend. Ich atmete auf, denn meine Schwester knallte die Hoteltür zu, bevor der Wirt Maria noch die Badewanne zum Übernachten anbieten konnte.

Ab da lief eigentlich alles glatt. Mal abgesehen davon, dass die Weisen aus dem Morgenland etwas mit dem Kostüm nicht geschnallt hatten und als Fußballer und Astronaut auftraten. Und Yussuf wollte Elsa dann doch nicht vor so vielen Leuten küssen, also küssten beide die Babypuppe, während der Chor mit dem Astronauten sang: »O kommet ins All.«

Mein Vater trat schließlich erleichtert ans Mikrofon und rief sehr laut und fröhlich: »Ehre sei Gott in der Höhe!«

Ich sagte leise: »Halleluja«, kletterte von meinem Engelssitz herunter und nahm müde die Flügel ab. So ein Weihnachtswunder ist schon eine verflixt haarige Angelegenheit.

Aber immerhin hat Papa Wort gehalten: Seit Ostern

haben wir einen neuen Mitbewohner. Es ist ein Misch-lingshund aus dem Tierheim. Der hat nirgends sonst einen Platz gefunden und das verstehe ich bei dem Hund ebenso wenig wie bei Josef und der schwangeren Maria. Denn Vegi-Paule hat Recht: So ein Baby ist to-tal süß und ein Hundewelpe auch. Ich wollte ihn Jesus nennen, aber mein Vater war dagegen. Josef fand ich wiederum blöd für einen Hund.

Da hat Papa vorgeschlagen ihn Seppel zu nennen. Das ist die Kurzversion von Josef. Der Name passt per-fekt zu meinem Hund.

Mein Vater hat eben meistens gute Ideen.

Meistens.

Drei Super-Wichtel im Sondereinsatz

Immer machten sich alle über Wichtel Leopold lustig.

»Na, Leopold, mal wieder im Stress? Soll ich dir helfen?«, fragte Wichtel Hannes, als Leopold in der Küche am Ofen lag.

»O-oh, Leopold, das sieht aber schwierig aus. Soll ich dir nicht lieber zur Hand gehen?«, fragte Wichtelin Elvira, als Leopold den Teig doch noch einmal probierte.

»Du bist der faulste Wichtel von allen«, schalt ihn sogar der alte Wichtel Alexander manchmal, und die Frau vom Chef, die Weihnachtsfrau, scheuchte Leopold regelmäßig aus der Küche mit den Worten: »Steh hier nicht so rum! Und das bei dem Stress! Immer das Wichtigste zuerst, Leopold. Also los, husch, husch, du Nichtsnutz!«

Dabei war Leopold gar kein Nichtsnutz. Er war ein

Nutz. Nur kriegten Wichtel Hannes und Wichtelin Elvira das nicht so richtig mit. Dafür waren die nämlich viel zu hektisch. Denn das, was Leopold machte, brauchte Zeit und Ruhe: Leopold konnte gut essen und naschen. Wenn der Weihnachtsmann also die ganzen Küchenwichtel losschickte, um die Plätzchen und die tollen Stollen, die Marzipankartoffeln und die Schoko-Nüsse zu backen und zu formen, dann war es immer Leopold, der den Teig probierte. Irgendwer musste das ja machen. Der Weihnachtsmann machte das jedenfalls nicht.

Dazu war er viel zu beschäftigt, fand Leopold.

»Dazu ist der viel zu faul!«, schimpfte die Weihnachtsfrau.

Und auch Elvira und Hannes meinten: »Als ob das alles so furchtbar anstrengend wäre. Was der Weihnachtsmann kann, können wir schon lange.«

»Ach ja?«, fragte Leopold, der sich den kugelrunden Bauch behaglich am Ofen wärmte und noch eine Prise Zimt in den Zimtsternteig rieseln ließ. »Und wer von euch kann den gewaltigen Schlitten steuern?«

»Das kann ich mit links. Und mit rechts«, prahlte Hannes.

»Und wer von euch kann die geheime Geschenke-Landkarte lesen?«, fragte Leopold.

Denn der Weihnachtsmann schaffte es nur mit

Hilfe seiner gewaltigen Landkarte, in einer einzigen Nacht alle Geschenke an alle Kinder richtig zu verteilen. Aber diese Landkarte war in einer geheimen Krakelschrift beschrieben, die keiner außer ihm lesen konnte.

»Ich kann die Karte lesen. Mit einem Auge. Und auch mit dem zweiten«, behauptete Wichtelin Elvira. »So kompliziert ist das gar nicht.«

»Ach ja? Sollen wir wetten, dass …«

Aber weiter kam Leopold nicht. Denn in diesem Augenblick traten der Weihnachtsmann und die Weihnachtsfrau in die Küche und stritten sich dabei so laut, dass Wichtel Hannes die Mütze vom Kopf flog, Wichtelin Elvira sich vor Schreck fast in die grüne Hose machte und Leopold vom Ofen herunter und genau in den Zimtsternteig kullerte.

»Du bist der faulste Weihnachtsmann aller Zeiten und Jahrhunderte!«, schimpfte die Weihnachtsfrau. »Reiß dich zusammen und pack endlich die Geschenke auf den Schlitten.«

»Ich kann aber nicht!«, stöhnte der Weihnachtsmann. »Ich hab mir den Rücken verknackst! Und ohne Rücken kein Bücken. Und ohne Bücken kein Geschenk auf dem Schlitten!«

»Ach, so ist das also, ja?« Die Weihnachtsfrau stemmte die gewaltigen Hände in die Seiten. »Den ganzen Sommer machst du deine Gymnastik nicht und baust kein einziges Geschenk und jetzt ist der Rücken schuld, dass du so ächzt?!« Sie hatte rote Flecken im Gesicht vor lauter Ärger. »Dann fällt Weihnachten eben aus. Du blöder Nikolaus!« Mit diesen Worten stapfte sie aus der Küche und schlug die Tür hinter sich zu.

»Warte! Warte! Ich brauch doch nur einen Arzt und eine Spritze oder ein paar Tage Gymnastik!« Der Weihnachtsmann folgte ihr, so schnell es seine Rückenschmerzen zuließen. »Vielleicht können wir Weihnachten ja um ein paar Wochen verschieben? Wie wäre es zum Beispiel im März, da hätte ich noch was frei und da ist es auch nicht mehr so kalt und …«

»Da lachen ja die Schneehühner!«, hörten die drei Wichtel die Weihnachtsfrau von Ferne rufen. Dann waren die beiden Weihnachtschefs in ihren Privaträumen verschwunden.

Eine Schrecksekunde lang saßen Hannes und Elvira stumm da und auch Leopold guckte ziemlich dumm aus der Wäsche und aus dem Teigtopf.

»Hab ich das gerade richtig verstanden?«, fragte Elvira. »Weihnachten fällt aus?«

Hannes nickte. »Keine Geschenke. Keine lachenden, fröhlichen Kinder. Keine Tannenbäume. Keine …«

»Plätzchen? Keine Plätzchen? Kein Stollen? Keine Marzipankartoffeln? Keine Printen?« Leopold guckte die zwei anderen ungläubig an. »Das geht doch nicht. Das können wir nicht zulassen. Das müssen wir verhindern!«

»Ach ja? Und wie sollen wir das anstellen, du Schlaumeier?«, fragte Wichtel Hannes.

Da brauchte Leopold nicht lange nachzudenken. »Das ist klar: das Wichtigste zuerst. Und das Wichtigste an Weihnachten sind fröhliche Kinder. Und die Kinder werden fröhlich, wenn sie die Geschenke kriegen. Und Plätzchen und Stollen und Pfeffernüsse und …« Er überlegte kurz. Dann sah er Elvira und Hannes ernst und tief in die Augen: »Ihr kennt euch doch so gut mit dem Schlitten und der geheimen Landkarte aus, oder?«

Wichtel lügen ja bekanntlich nicht. Also nickten Hannes und Elvira.

Leopold rieb sich die Hände. »Na, dann ist doch alles geritzt! Weihnachten findet statt. *Wir* verteilen die Geschenke!«

Wichtel Hannes und Wichtelin Elvira sahen sich stirnrunzelnd an. Es ist ja etwas ganz anderes, zu *sagen*, dass man etwas kann, als etwas echt zu können. Und es ist etwas ganz anderes, zu sagen, dass man den Schlitten vom Weihnachtsmann lenken kann, als ihn echt zu lenken.

Aber als ausgerechnet der kleine dicke Leopold

fragte: »Oder habt ihr mich angelogen?«, gab sich Hannes einen Ruck und sagte: »Quatsch. Ich kann das. Ich mach das. Ihr müsst mir nur ein bisschen mit den Geschenken helfen! Und mit der Landkarte, versteht sich.«

Da konnte auch Elvira nicht anders und sagte zögerlich: »Ja, hm, na gut, dann will ich mal nicht so sein. Ich bin dabei.«

Leopold war Feuer und Flamme. »Wir fliegen mit dem Weihnachtsschlitten! Wir fliegen mit dem Weihnachtsschlitten!«, rief er begeistert.

»Ja, schrei noch lauter, damit es der Weihnachtsmann auch echt hört, du Esel!«, schimpfte Hannes. »Dann schmeißt er uns doch hochkantig raus und wir müssen das Ende unserer Tage im Heinzelmännchen-Hotel in Bielefeld verbringen oder hier am Nordpol die Polarsterne polieren.«

Daran hatte Wichtel Leopold nicht gedacht. Er klappte schnell den Mund zu. Aber er freute sich dennoch riesig darauf, endlich mal vom Nordpol wegzufliegen. Und das auch noch mit diesem Geschoss von einem Schlitten!

Die drei Wichtel warteten an dem Abend ungeduldig, bis es im Schlafzimmer des Weihnachtsmanns endlich ruhig wurde. Dann warteten sie noch eine halbe

Stunde, bis sie sein lautes Schnarchen hörten. Sie warteten weitere fünf Minuten, bis sie auch das leise Schnarchen der Weihnachtsfrau hörten. Dann erst schlichen sich Elvira, Hannes und Leopold zum Schlittenschuppen.

Hier stand er im Schein der Kerzen: der große, strahlende Schlitten. Er war von den Putzwichteln gewienert und von den Reparaturwichteln überprüft worden. Fehlten nur noch die Geschenke im Gepäckraum und die Rentiere vorne dran.

Elvira öffnete das Geschenke-Silo und stöhnte. »O Jungs, wie sollen wir das alles auf den Schlitten kriegen?«

»Mit Fleiß und Hilfe«, sagte Hannes und trommelte heimlich, still und so leise wie möglich die anderen Wichtel zusammen.

»Was habt ihr denn vor?«, fragte der alte Alexander streng. »Wollt ihr etwa selbst mit dem Schlitten losfliegen?«

»Wir?«, fragte Elvira. »Wie kommst du denn auf die Idee?«

»Niemals!«, sagte auch Hannes. »Wir wollen nur dem Chef helfen, weil der sich doch den Rücken verknackst hat. Und wenn wir die Geschenke auf den Schlitten schaffen, dann kann er die morgen in aller Frühe ausliefern.«

»Damit es nur lachende und fröhliche Kinderaugen gibt überall auf der Erde«, fügte Leopold hinzu.

Das sah der alte Alexander ein. »Na, dann hauen wir mal rein, Leute!« Wie von Geisterhand begannen zweitausenddreihunderteinundneunzigeinhalb Wichtelinnen und Wichtel die vielen, vielen Geschenke auf den Schlitten zu packen.

»Es grenzt an ein Wunder«, flüsterte Leopold, als er sich ein Päuschen gönnte und seinen Kollegen bei der Arbeit zusah.

Die Wichtel schufteten und schafften und spannten dem Weihnachtsmann sogar schon die Rentiere ein.

»Jetzt aber husch in die Betten!«, sagte der alte Alexander, als sie alles geschafft hatten.

»Jetzt aber husch zu den Kindern!«, sagte Leopold, als alle anderen Wichtel bis auf Elvira und Hannes in ihren Betten lagen.

»Au Backe, wenn das mal gut geht«, murmelte Hannes, als er die schweren Zügel in die Hand nahm.

Elvira klappte die Karte auf und sagte: »Na gut, erst mal in den Himmel und dann verteilen wir von da oben die Geschenke in einem Kontinent nach dem anderen. Wir fangen im Osten an, denn da geht die Sonne ja zuerst auf, und deshalb geht sie da auch zuerst unter.«

Leopold öffnete die Tür des Schuppens und kletterte dann schnell zu Hannes und Elvira auf den Schlittenbock.

»Heißa, Walpurgisnacht!«, freute er sich.

»Was redest du denn da für einen Blödsinn?«, fragte Elvira.

Aber die Rentiere schienen sich genauso zu freuen wie Leopold und galoppierten einfach los.

»Ho-ho!«, rief Hannes und zog vor Schreck an den Zügeln. Da gaben die Rentiere erst richtig Gas und preschten hinauf in den Himmel.

»Cool!«, freute sich Leopold.

»Kühl!«, fröstelte Elvira.

»Krass!«, staunte Hannes.

»Und? Hast du alles im Griff?«, fragte Leopold.

Hannes antwortete nicht, sondern versuchte schweißgebadet mit den Zügeln irgendwie diese wild gewordenen Rentiere zu lenken.

Aber die kannten nur eine Richtung: hinauf, hinauf und nochmals hinauf! Sie flogen durch den Himmel, in die oberste Schicht der Atmosphäre, durchbrachen sogar diese und sausten durch das Weltall genau auf den Mond zu.

»Ich glaube, wir sind jetzt hoch genug!«, sagte Elvira. »Wir sollten langsam zurück Richtung Europa fliegen. Kannst du vielleicht mal wenden, Hannes?«

Wichtel Hannes bekam einen knallroten Kopf, zog

an den Zügeln und stöhnte: »Versuch ich doch schon die ganze Zeit!«

»Wie wär es, wenn wir am Bremshebel hier ziehen?«, fragte Elvira.

Sie zogen mit aller Kraft an der Bremse. Der Schlitten quietschte und legte sich in die Kurve und landete dann mit einem ziemlichen Rums auf dem Mond.

»Und du bist ganz sicher, dass du den Schlitten fliegen kannst?«, fragte Leopold, als sich der Staub um sie herum ein bisschen gelegt hatte.

»Äh, klar. Also, ich meine, hej, wir sind garantiert die ersten Wichtel auf dem Mond! Das soll mir erst mal einer nachmachen!«, rief Hannes.

»Ja, nur wollten wir nicht auf den Mond, sondern zu den Kindern«, gab Leopold zu bedenken.

»Das ist nicht meine Schuld«, sagte Hannes. »Ich bin ja nur geflogen. Für die Richtung muss Elvira sorgen. Schließlich hat sie die Karte.«

Elvira starrte auf die große Karte vom Weihnachtsmann und drehte sie hin und her. Sie konnte noch nicht mal sagen, wo oben und wo unten sein sollte. Und die Erde war vom Mond aus gesehen zwar ziemlich klein, aber nicht gerade übersichtlicher.

»Wie wäre es«, überlegte Elvira, »wenn sich die Kinder ihre Geschenke diesmal selbst abholen? Hier oben sind sie ja sehr leicht zu finden.«

»Prima Idee!«, rief Hannes. »Dann können die auch gleich das Handbuch für Schlittenpiloten mitbringen. Ich habe da noch ein paar Kleinigkeiten nachzulesen.«

Aber Wichtel Leopold schüttelte so heftig den Kopf, dass seine rote Mütze fast auf dem Mond gelandet wäre. »Kommt nicht in Frage! Dann wäre doch die ganze Überraschung hin! Wir fliegen jetzt zurück zur Erde und dann machen wir es genau wie der Chef: ein Land nach dem nächsten und ein Geschenk nach dem anderen.«

Elvira biss sich auf die Lippe und nickte. »Also dann mal wieder runter mit uns.«

Auch Hannes seufzte. »Ist zwar gerade echt schön hier oben, aber die Rentiere finden leider nichts zu fressen. Hü hott!«

Er löste die Bremse. Die Rentiere fielen in einen sanften Trab. Sie glitten zurück zur Erde.

»Aber was muss denn nun wo hin?«, stöhnte Elvira. »Ich kenn mich zwar mit Geheimschrift aus, aber diese Krakel hier, die kann doch kein Mensch lesen! Und eine Wichtelin erst recht nicht.«

»Was? Wie? Ist das dein Ernst?«, riefen Hannes und Leopold wie aus einem Mund. »Du kannst die Karte nicht lesen?«

»Äh, nicht so ganz. Also eigentlich nur ein kleines bisschen und das auch nicht so richtig«, murmelte

Elvira kleinlaut. »Aber das, was auf den Geschenken steht, das kann ich lesen! Fast.« Sie nahm sich ein Päckchen aus dem Gepäckraum. »Hier steht zum Beispiel: *Paula in Aachen.*« Etwas leiser sagte sie: »Oder heißt das *Paolo in Argentinien?*«

Doch Leopold und Hannes hörten gar nicht richtig zu.

»Aachen kann ich erkennen!«, rief Leopold begeistert. »Da riecht es nach Aachener Printen – schön mit Lebkuchengewürz und dick mit Schokoglasur. Wunderbar. Wir müssen hier links abbiegen.«

So folgten sie immer weiter Leopolds feiner Nase: nach Dresden, wo es so schön nach Stollen duftete, nach Zürich zu den Totenbeinli, nach Florenz zu den Florentinern und natürlich auch nach Thüringen zu den dampfenden Thüringer Weihnachtswürstchen. Sie brachten Geschenke nach New York, wo es aus den Wolkenkratzern nach Truthahn und Donuts roch, nach Argentinien zum Rinderbraten und sogar durch eine Wolke aus duftendem Russischbrot bis nach Sibirien.

Bei Sonnenaufgang war es endlich geschafft. Das letzte Geschenk hatten sie in Australien in einen Kamin gesteckt. Dann mussten sie schleunigst nach Hause zum Nordpol, denn die Rentiere bekamen Hunger. Und wenn Rentiere hungrig werden, ist mit ihnen nicht zu spaßen.

Die drei Wichtel landeten wunderbar sanft vor dem Stall, schoben den Schlitten in den Schuppen, spannten die Rentiere aus – und wurden direkt vom Chef persönlich erwischt!

»Wo kommt ihr denn her?«, schimpfte der Weihnachtsmann. »Und was macht der Mondstaub auf den Schlittenkufen? Und wieso ist das Geschenkesilo leer?«

»Wir … wir … wir …«, stammelten die Wichtel ehrfürchtig. Denn das war ja der Weihnachtsmann persönlich, der sie hier erwischt hatte! Und so einen Weihnachtsmann, der ist nicht nur riesengroß und stark, selbst wenn sein Rücken verknackst ist. Der ist auch wahnsinnig klug und streng.

»Raus mit der Sprache!«, rief der kluge, starke Weihnachtsmann. »Wenn wegen euch drei Wichteln auch nur ein einziges Kind weint, dann schick ich euch nach Bielefeld! Oder ihr dürft das Polarlicht polieren! Lebenslänglich!«

Leopold zitterte am ganzen Körper, er konnte nichts sagen. So wütend hatte ihn der Weihnachtsmann noch nie angeguckt.

Doch in diesem Moment hörten sie ein Lachen. Es war ein fröhliches Lachen. Und es kam aus dem Kontroll-Lautsprecher an der Wand. Dann erklang ein zweites Lachen. Noch fröhlicher. Das waren Kinder, fröhliche Kinder. Sie sangen und sie freuten sich.

Der Weihnachtsmann nahm sein großes, gebogenes Fernglas, mit dem er vom Nordpol um die Ecke auf den Rest der Erdkugel gucken kann, hielt es ans Auge und staunte nicht schlecht. Er grinste. Er begann zu lachen. Er lachte so laut, dass die Wände des Stalls wackelten und wackelten und schließlich sogar einstürzten.

»Was gibt's da zu lachen, du Nichtsnutz? Nie hast du Zeit, bei all dem Stress. Dabei ist die richtige Reihenfolge doch so einfach: immer das Wichtigste zuerst«, rief die Weihnachtsfrau, die von dem Gepolter angelockt worden war. Aber als der Weihnachtsmann ihr das Fernrohr gab, sah auch sie hindurch. Und sie lachte ebenso wie ihr Mann.

»Wie hast du das nur wieder angestellt, du dicker Zauberer?«, fragte sie, die endlich wieder gute Laune hatte. »Alle Kinder sind glücklich und zufrieden. Nicht eines weint!«

»Und alle wundern sich, weil sie etwas geschenkt bekommen haben, das sie sich gar nicht gewünscht haben«, sagte der Weihnachtsmann. »Das waren meine drei Superwichtel hier.«

Er strahlte Elvira, Hannes und Leopold an. »Ich ernenne euch hiermit feierlich zu Oberwichteln. Das habt ihr großartig gemacht. Nur mit dem Lesen und Schreiben, da sollten wir dringend noch etwas üben!«

Leopold verstand erst nicht, was der Weihnachtsmann meinte. Aber als er auch durch das Fernrohr gucken durfte, war es ihm klar: Elvira hatte sich hier und da ein bisschen verlesen und das sehr oft. Von Aachen statt Argentinien bis Zürich statt Zuckerhut hatten sie die Geschenke falsch, aber lustig ausgeliefert.

In Südamerika fuhren nun zwei Jungs Wasserski mit echten Alpinskiern. In der Schweiz gingen zwei Mädchen in schicken Bikinis erst in die Sauna und dann in den Tiefschnee. Ein kanadischer Junge freute sich über einen neuen Beutel für sein Känguru, und ein australisches Mädchen lachte wie verrückt, als es Eishockey-Schläger auspackte. Am besten gefiel Leopold aber das Inuit-Mädchen, das ein rosarotes Moskitonetz auspackte. Das Mädchen starrte lange auf das Netz. Dann legte es sich den Stoff übers Gesicht, spielte Prinzessin und strahlte seine Eltern überglücklich an.

»Fröhliche Weihnachten, ihr drei Helden!«, sagte der Weihnachtsmann. »Kommt, jetzt feiern wir selbst. Das habt ihr euch verdient! Und dass sogar der faule Leopold dabei war …«

»Leopold ist nicht faul!«, widersprach Hannes sehr mutig.

»Ach nein?«

»Nein, er ist sehr fleißig. Auf seine Art«, sagte Elvira.

Da strahlte Leopold so froh über sein ganzes Gesicht und es wurde ihm so wunderbar prickelig warm um sein Wichtelherz, dass sogar dem Weihnachtsmann die Glückstränen kamen.

»Aber für ein ordentliches Stück vom Stollen hast du schon noch Zeit, oder?«, fragte er Leopold.

»Für Stollen habe ich immer Zeit«, sagte Leopold. »Schließlich kommt es bei allem Stress nur auf die richtige Reihenfolge an: das Wichtigste zuerst.«

Jasper, Lotte und die zauberhaften Plätzchen

»Und auch unsere Zwillinge halten jetzt bitte sofort den Mund und spitzen die Ohren!« Frau Ecker, genannt Frau Mecker, hatte mal wieder besonders schlechte Laune.

Das war leider typisch für die Lehrerin von Lotte und Jasper. Die Mecker konnte einem einfach alles versauen: von der Matheaufgabe über die Groß- und Kleinschreibung bis hin zum Adventssingen – immer gab es irgendetwas zu meckern. Und ganz besonders unzufrieden war sie kurz vor den Ferien.

Vermutlich mochte sie einfach keine Kinder und war Lehrerin geworden, um sich an sie zu gewöhnen. Oder sie war Lehrerin geworden, weil sie so gerne schlechte Laune hatte – und von flüsternden Kindern bekam sie sofort schlechte Laune. Oder sie war früher mal eine nette, freundliche und geduldige Lehrkraft gewesen, wie Frau Kersting oder Herr Rheingold, die die anderen Klassen unterrichteten. Und dann war der böse, böse Zauberer Ruppersack gekommen, um sie zu verhexen. In eine Kröte wollte er sie eigentlich verwandeln, aber er hatte nicht genug Zaubersalz genommen und → PIFF → PAFF → KRAWUMM **** war eben nur eine fiese Lehrerin aus ihr geworden.

So in der Art stellte sich Jasper das jedenfalls vor. Und genau das hatte er nur mal kurz seiner Schwester zuflüstern wollen. Was war daran so schlimm? Er hatte ja trotzdem mitgekriegt, dass sie noch einmal »Schneeflöckchen« singen sollten, obwohl dieser Winter so verflixt warm war, dass Schneeflocken keine Chance hatten.

Aber jetzt hieß es eben Mund halten. Und singen. Gleichzeitig. Wie das gehen sollte, wusste auch nur die Mecker.

»Gibt es etwas Schlimmeres als diese blöde Kuh?«, fragte Lotte ihren Bruder in der Pause.

»Die ist verhext«, sagte Jasper. »Die ist ganz bestimmt verhext.«

»Du meinst, man müsste sie küssen, um sie zu erlösen?« Lotte sah Jasper an.

Jasper sah Lotte an.

Beide dachten genau dasselbe: *Welcher Vollidiot würde freiwillig die Mecker küssen?*

»Lieber esse ich eine Kiste von den Staubplätzchen, die Mama und Papa immer backen«, erklärte Jasper schließlich.

Und damit war alles gesagt. Denn die Plätzchen, die es bei ihnen zu Hause zu Weihnachten gab, waren eine Katastrophe.

Die Eltern von Lotte und Jasper konnten eine Menge: Sie konnten Löcher in Wände bohren und wieder zugipsen, Autos reparieren und wieder kaputt fahren, Fliesen verlegen, Regale aufbauen und gleichzeitig geduldig wie zwei Oberschafe ihren Kindern bei den Hausaufgaben helfen. Nur Plätzchen backen, das konnten sie eben nicht. Die verbrannten Dinger schmeckten immer so, als hätten sie Kochsalz und Streusalz verwechselt, statt Milch und Honig Motorenöl und Tapetenkleister genommen, und der Unterschied zwischen Mehl und Zement war den beiden wohl auch nicht so recht klar.

Deshalb freuten sich Lotte und Jasper natürlich auch, als ihre Mutter ihnen erklärte, dass sie und der Vater im Advent einen Backkurs machen wollten.

Allerdings trauten die Zwillinge der Sache nicht so richtig.

»Aber Mama, da braucht ihr schon einen echten

Zauberer, damit ihr das noch bis Weihnachten lernt«, sagte Jasper.

»Den bekommen wir auch!« Die Mutter zeigte ihnen das Anmeldeformular. Darauf stand es schwarz auf weiß:

✣ *Zaubermeister Ruppersack* ✣

Lernen Sie in kürzester Zeit das Plätzchenbacken!
Ihre Familie wird begeistert sein!

Meine Kurse im Dezember:
Standardkurs: *Zwei Abende pro Woche*
Intensivkurs*** mit Garantie: *Fünf Abende die Woche*
(Geld zurück, wenn Ihre Kinder noch meckern)

»Du glaubst doch nicht, dass ihr an zwei Abenden in der Woche das Backen lernt?« Lotte runzelte die Stirn.

»Nein. Wir brauchen ganz klar den Intensivkurs. Das meint Papa auch«, erklärte Mama. »Nur müsst ihr dann leider abends allein zu Hause bleiben. Ist das okay?«

Das war gar nicht so leicht zu beantworten.

Lotte und Jasper waren ja keine drei und keine fünf, sondern schon zehn Jahre alt. Sie konnten eigentlich gut und gerne ein paar Stunden allein zu Hause bleiben – wenn da nicht der Nachbar Meierschuh gewesen wäre. Der wohnte unter ihnen und mochte Kinder ungefähr so gern wie Frau Mecker. Immer waren Lotte und Jasper zu laut, zu dreckig, zu irgendwas. Schon wenn sie nur ihre Tür zum Treppenhaus öffneten, öffnete Meierschuh seine und brüllte los: »Was ist denn jetzt schon wieder für ein Krach?«

Und wenn Lotte und Jasper abends noch spielten und dabei ein Turm umfiel oder ein Sack Murmeln oder sonst irgendwas, dann hämmerte der Meierschuh mit dem Besenstiel an die Decke oder kam gleich rauf und klopfte und klingelte und polterte und schimpfte, was das Zeug hielt. Auf solche Attacken hatten Jasper und Lotte jedenfalls keine Lust, so ganz allein in der Wohnung.

Andererseits: Mama und Papa mussten wirklich dringend backen lernen und dieser Zaubermeister-Kurs klang so, als würden sie das damit auch hinkriegen. Bis Weihnachten.

Also lagen Jasper und Lotte in den folgenden Wochen abends ganz still, brav und leise im Bett, so wie sie morgens ganz still, brav und leise in der Klasse gesessen hatten. Toll fanden sie das Ganze jedoch nicht.

Jasper murrte: »Eine schöne Adventszeit sieht anders aus. Ich würde ja gern ein bisschen spielen. Aber ich hab dauernd Angst, dass der Doofmann hochkommt.«

Lotte nickte. »Angst ist furchtbar und der Meierschuh auch. Aber dafür kriegen wir hoffentlich endlich prima Plätzchen.«

Am 23. Dezember war es so weit: Die Eltern hatten ihren Backkurs beendet. Und Lotte und Jasper hatten ihren letzten Schultag vor den Weihnachtsferien. Sie sangen noch mal »Schneeflöckchen« und dann wurden sie von Frau Mecker nach Hause geschickt mit den Worten: »Schöne Ferien und ich hoffe, dass ihr euch besser benehmt, wenn ihr am 7. Januar wieder in die Schule kommt!«

»Das ist unser Geburtstag«, rief Lotte. »Da bringen wir Kuchen mit!«

»Na wunderbar«, sagte die Mecker, obwohl sie es nicht so meinte.

Die anderen aus der Klasse fragten nur bange: »Backen wieder eure Eltern den Kuchen?«

Jasper lachte. »Ja, aber keine Sorge. Die haben einen Kurs gemacht, um es endlich richtig zu lernen.«

»Das ist ja toll«, sagte die Mecker, obwohl es ihr völlig egal war. »Und jetzt raus hier, ich habe auch frei.«

Zu Hause wurden Lotte und Jasper von grünlichem Qualm empfangen, der aus der Ritze unter der Küchentür hervorquoll. Mama und Papa backten.

»Ist alles in Ordnung?«, riefen Lotte und Jasper laut. Hineingehen wollten sie lieber nicht.

»Ja, ja, wir haben alles im Griff«, antwortete Papa

quietschfidel durch die geschlossene Tür. »Aber ihr müsst draußen warten, das wird eine Überraschung!«

»Dürfen wir denn mal was probieren?«, fragte Lotte. Obwohl es eigentlich nicht viel besser roch als sonst.

»Lieber nicht«, rief Mama.

Aber das ließen sich Lotte und Jasper natürlich nicht gefallen.

Als die Eltern nachmittags zum Einkaufen in die Stadt gingen, schlichen sich die Zwillinge in die Küche, in der es ganz merkwürdig roch. Auf dem Tisch und der Arbeitsplatte waren verschiedene noch warme Plätzchen ausgebreitet. Dazwischen lag ein uraltes, dickes Backbuch, das Lotte und Jasper noch nie gesehen hatten. »Zaubermeister Ruppersack – Magisches Gepäck für jeden Zweck« stand in goldenen Lettern auf dem leicht zerfledderten Buchdeckel.

»Sieht tatsächlich ein bisschen aus wie ein Zauberbuch«, sagte Lotte und klappte es auf.

Jasper nahm inzwischen die Plätzchen unter die Lupe. Die sahen tatsächlich zauberhaft gut aus. Und sie waren sogar schön verziert. Er suchte sich eins aus, traute sich allerdings nicht, reinzubeißen.

Aber Lotte schnappte sich ein anderes und sagte: »Schlimmer als bisher wird es schon nicht sein! Eins, zwei …«

Auf drei steckten sie das Gebäck in den Mund. Dann sahen sie sich an. Die Plätzchen schmeckten fast so wie immer: etwas verkohlt und nicht besonders toll.

Dieser Zaubermeister ist ja wohl ein Angeber, dachte Jasper. *Mama und Papa müssen auf jeden Fall ihr Geld zurückverlangen.* Aber dann schluckte er das Plätzchen runter und spürte dabei ein Britzeln und Kribbeln, das seinen ganzen Körper durchströmte.

Das war ein schönes Gefühl. Aber das Beste daran war, dass Jasper plötzlich durch die Wände gucken konnte. Und auch durch die Zimmerdecke. Und sogar durch den Fußboden! Darum sah er auch den Meierschuh unter sich, wie er vor dem Fernseher saß und in der Nase bohrte.

Auch Lotte merkte, wie es kribbelte und britzelte. Sie konnte zwar nicht durch Wände sehen, aber sie fühlte sich plötzlich stark. Sogar sehr stark. Sie probierte den Tisch anzuheben. Kein Problem. Sie probierte den Küchenschrank hochzuheben. Kein Problem. Nur die Tassen und Teller, die klapperten, als sie den schweren Schrank wieder absetzte.

»Achtung, der Meierschuh klopft gleich!«, rief Jasper, der sah, wie der blöde Nachbar vom Sofa sprang, den Besen nahm, der daneben bereitstand, in seine Küche rannte und gegen die Decke hämmerte. Dann schlurfte er zum Kühlschrank, holte sich ein Bier

und schlurfte zurück zu seinem Sofa und dem Fernseher.

»Sollen wir den Meierschuh ein bisschen auf Trab bringen?«, fragte Jasper. Jetzt, wo er den blöden Nachbarn da unten sehen konnte, hatte er keine Angst mehr. Er stellte es sich einfach herrlich vor: Lotte mit ihren Bärenkräften könnte erst den Kühlschrank und dann die Waschmaschine auf den Boden krachen lassen. Da wüsste der Doofmann unten gar nicht, wo er zuerst klopfen sollte.

Jasper wollte Lotte gerade von seinem Plan erzählen, als er durch die geschlossene Küchentür seinen Vater sah.

»Papa und Mama sind zurück«, flüsterte Jasper.

»Mist, wir dürfen doch gar nicht hier drin sein«, sagte Lotte. »Schnell, verstecken wir uns.« Sie schob den Küchenschrank ein Stück zur Seite, damit sie beide dahinter Platz hatten.

Aber Jasper blieb wie angewurzelt stehen, denn während er seinen Vater durch die Tür anguckte, guckte sein Vater irgendwie durch die Tür zurück! Oje, der hatte wohl auch von den Plätzchen gegessen, mit denen man durch Türen, Decken und Wände schauen konnte …

Jasper machte einen Schritt zur Seite. Die Augen seines Vaters folgten ihm.

Jasper hob die Hand und winkte. Sein Vater winkte durch die Tür zurück. Und dann drohte er Jasper grinsend mit dem Zeigefinger.

»Lotte, Papa hat uns erwischt!«, sagte Jasper.

»Allerdings«, sagte sein Vater, der nun die Küchentür öffnete. »Komm da hinten raus und rück den Schrank wieder zurecht, Lotte.«

»Na, wenn ihr schon nascht, dann könnt ihr euch auch nützlich machen, während wir die Plätzchen an die Nachbarn verteilen«, sagte Mama. »Geht zum Weihnachtsbaummarkt um die Ecke, sucht einen Tannenbaum für uns aus und bringt ihn her. Und zwar einen schön großen, der auch ordentlich was wiegt.«

»Aber flott«, fügte Papa vergnügt hinzu. »Schließlich hält die Wirkung höchstens eine Stunde.«

Lotte und Jasper nickten begeistert. Jasper guckte noch schnell, was der Meierschuh machte, und als er sah, dass der mit einer Zeitung Richtung Badezimmer marschierte, sagte er: »Die Luft ist rein, Lotte!«

Der Weihnachtsbaumverkäufer staunte nicht schlecht, als Lotte sich die zwei Meter große Tanne locker auf die Schulter packte. Aber noch mehr staunte der Meierschuh, der ihnen im Treppenhaus auflauerte, um zu schimpfen, als sie mit dem Baum vorbeimarschierten. Denn statt »Ihr nichtsnutzigen, dreckigen Rotzlöffel!« kam aus seinem Mund: »Wie schön, dass ihr zurück seid, ihr lieben, lieben Kinderlein!« Verdutzt machte er den Mund zu. Dann versuchte er es noch mal mit dem Meckern. Aber es klappte wieder nicht. Statt sich laut über die Tannenbaumnadeln auf der Treppe aufzuregen, flötete er Lotte und Jasper freundlich zu: »Das ist ja echt eine Schönheit, dass ihr den Tannenbaum besorgt habt.«

Er stampfte mit dem Fuß auf und wurde knallrot vor Wut. Aber als er den Mund aufriss, um so richtig loszubrüllen, begann er stattdessen Weihnachtslieder zu singen. Das war ihm so peinlich, dass er den Mund wieder zuklappte, sich umdrehte und schnell in seiner Wohnung verschwand.

Lotte und Jasper waren sich sicher: Das hatten sie nur den Zauberplätzchen ihrer Eltern zu verdanken! Und egal wie sie schmeckten, diese Plätzchen waren einfach super.

Auch Oma und Opa, die am Heiligen Abend zu Besuch kamen, waren von der neuen Backkunst begeistert. Mama hatte sich für jeden ein ganz besonderes Plätzchen ausgedacht: Opa bekam einen Sopran-Kipferl. Damit sang er die Weihnachtslieder nicht mehr mit seiner grummeligen, tiefen Bassstimme, sondern zwitscherte im Sopran in den höchsten Tönen, so als wäre er Mickymaus. Oma lachte sich schlapp, als sie einen Flatter-Florentiner verspeiste und plötzlich um den Tannenbaum flog. Und Lotte und Jasper bekamen Lichter-Printen und leuchteten gelb (Lotte) und grün (Jasper), wenn sie sich freuten.

Es war ein großartiges Weihnachtsfest, das allen im Gedächtnis blieb. Und darum baten und bettelten Lotte und Jasper, dass ihre Eltern noch mal etwas backten.

»Wir können ja Muffins zum Geburtstag machen. In unserem Backbuch steht ein tolles Rezept«, überlegte Papa.

»Für die ganze Klasse«, fügte Mama hinzu und kicherte.

»Und einen Extra-Muffin für Frau Ecker«, sagte Papa.

Als Jasper sich vorstellte, dass seine Lehrerin Riesenkräfte bekäme oder leuchtete oder gar durch Wände gucken konnte, wurde ihm angst und bange. »Ach, die blöde Mecker«, sagte er. »Die mag euer Gebäck doch eh nicht.«

Auch Lotte war von der Idee, der Lehrerin ein Zauberplätzchen zu verpassen, nicht begeistert.

Aber die Eltern grinsten geheimnisvoll und sagten: »Lasst uns nur machen. Wir kriegen das gebacken.«

Und sie hatten nicht zu viel versprochen. Denn als Lotte und Jasper am 7. Januar ihren zehnten Geburtstag in der Schule feierten und Muffins verteilten, fingen sofort alle Mitschüler an kunterbunte Seifenblasen zu rülpsen.

Und Frau Ecker-Mecker?

Die bekam einen Lachkrampf. Sie bekam einen solchen Lachanfall, dass ihr die Tränen aus den Augen schossen.

»Na, wie schmecken Ihnen die Muffins?«, fragte Jasper und ließ dabei eine schöne, bunte Seifenblase aus seinem Mund aufsteigen.

»Diese Muffins? Hihi … Die sind … hihi … echt lecker«, sagte Frau Ecker glücklich. »Echt lecker. Hihihi. Lecker, lecker.«

Lotte und Jasper sahen sich zufrieden an. Das neue Backbuch war einfach der Hammer: Es machte aus Frau Mecker ruck, zuck Frau Lecker!

Leider hielt auch die Wirkung der Muffins nur etwa eine Stunde an. Danach konnte keiner mehr Seifenblasen rülpsen. Und Frau Lecker hörte auf zu lachen. Aber diese Stunde veränderte Lotte und Jaspers Lehrerin dennoch ganz gewaltig: Sie hatte irgendwie ihren ganzen Ärger aus sich herausgelacht und war auf einmal viel freundlicher zu ihren Schülerinnen und Schülern – eben wie eine richtig normale Lehrerin. Und wenn sie doch mal wieder einen Mecker-Tag haben sollte, dann wussten Lotte und Jasper ja jetzt, wie sie ihr und sich selbst helfen konnten.

Das dritte Paket

Bo lag unter seinem Bett. Er hielt sich die Ohren zu. Zusätzlich hatte er sich mit dem Gürtel des Bademantels das Kissen und den alten Teddy um den Kopf gebunden. Blöderweise war Bo kein Profi in Sachen Seemannsknoten. Er konnte schnüren und zerren, wie er wollte: Sein Hörschutz hielt nicht. Am liebsten hätte er sich die Ohren mit Weihnachtskerzen verstopft. Denn er konnte sie noch immer hören. Wie sie stritten. Sein Vater wurde immer lauter. Seine Mutter wurde immer leiser.

Dann ging die Tür zu Bos Zimmer auf.

»Das ist doch völliger Unsinn! Bullshit! Mist!«, hörte er nun seinen Vater von unten im Flur poltern. Bo presste sich die Hände fester auf die Ohren. Aber sein Vater war lauter.

Ein Sonnenstrahl fiel durch das Flurfenster und

die offene Tür direkt in Bos Kinderzimmer. Er sah den Staub im Gegenlicht tanzen. Wie eine Schar ferner Sterne und Planeten sah das aus.

Der Staub hat es gut, dachte Bo. *Der kann in der unendlichen Weite meines Kinderzimmers herumwirbeln und hat keine Probleme und keine Eltern, die sich anschreien. Und das an Heiligabend oder genauer gesagt: Heilignachmittag. Oder noch genauer gesagt: Unheilignachmittag.*

»Bo?«

Es war Mia, seine kleine Schwester, die da auf Socken ins Zimmer getappt kam. Normalerweise schmiss Bo Mia raus, wenn sie nicht anklopfte. Kleinen Nervensägen muss man klare Grenzen zeigen. Und Bos Zimmertür war eine klare Grenze. Aber an so einem Nachmittag mussten Geschwister zusammenhalten. Logisch.

Mia suchte Bo in seinem Bett. Dann suchte sie ihn im Kleiderschrank. »Bo?« Er hörte, wie ihre Stimme zitterte.

»Hier unten, Mia!« Bo winkte unter dem Bett hervor.

»Was machst du da?«, fragte Mia.

Bo wusste erst nicht, was er sagen sollte. Die Wahrheit war: Er hielt sich die Ohren zu, um die Streiterei seiner Eltern nicht hören zu müssen, und ärgerte sich, dass er keine Seemannsknoten konnte oder nicht wenigstens ein paar Kerzen vom Tannenbaum geklaut hatte. Dabei hatte Papa doch schon eine neue Wohnung. Warum konnten die sich nicht endlich in Ruhe lassen? Es war immer dasselbe: Was dem einen viel zu viel war, war dem anderen viel zu wenig. Und es ging immer um Zeit, Geld, Bo und Mia. Da machten natürlich auch die Weihnachtstage keine Ausnahme.

Bo hätte das Weihnachtsfest am liebsten um einen Tag gekürzt, dann hätten sie kein Problem gehabt: Am 25. Dezember würden Bo und Mia mit ihrem großen Bruder Hauke bei Mama feiern. Am 26. Dezember sollte dann Papas Tannenbaum bei ihm in der Wohnung bewundert werden. So weit hatten sich Mama und Papa am Vortag geeinigt. Aber den heutigen Tag, den 24. Dezember, den hatten die beiden vergessen, und irgendwie hatte wohl jeder gedacht, dass Bo und Mia unbedingt bei ihm oder ihr sein sollten. Zwei Tage bei Papa war Mama zu viel, zwei Tage bei Mama war Papa zu wenig. Bo lag unter seinem Bett und fragte sich bei all der Schreierei: Wie teilt man drei Tage durch zwei Eltern?

Aber das alles wollte Bo Mia nicht sagen. Schließlich kam die ja nicht zu ihm ins Zimmer getappt, weil sie diesen 24. Dezember ganz prima fand. Sie kam, weil sie ein schönes Weihnachtsfest haben wollte. Und darauf hatte sie, Nervensäge hin oder her, auch ein

Recht, fand Bo. Leider gab es nur einen Menschen, der sie hier rausholen konnte: ihr großer Bruder Hauke. Aber Hauke wohnte seit Oktober in einer WG drüben in Flensburg. Und vermutlich fuhr der sowieso gerade mit seinem Lieferwagen die letzten Pakete zum Weihnachtsfest aus. Denn das war Haukes Job neben dem Studium.

Bo vermisste seinen großen, erwachsenen Bruder. Und Mia ging es vermutlich nicht besser.

»Was machst du denn nun unter dem Bett? Oder bist du stumm und dumm geworden?« Mia streckte den Kopf zu ihm herunter. Ihre beiden Zöpfe hingen kopfüber auf den Boden. Wie Tannen- oder Eiszapfen, fand Bo.

»Ich guck mir die Sterne an«, sagte Bo.

»Hast du Sterne unter dem Bett?«

»Jede Menge«, sagte Bo.

»Kann ich auch mal gucken?«, fragte Mia.

»Logisch.«

Mia kroch zu Bo und legte sich neben ihn. Zuerst sah sie keine Sterne.

»Du musst nur ganz genau hingucken und dir die Ohren zuhalten«, sagte Bo.

Unten schrie ihr Vater und ihre Mutter schwieg. Daraufhin schrie der Vater, dass sie etwas sagen solle, sonst würde er platzen, was der Mutter aber scheißegal war. Das sagte sie ihm auch. Da hatte sie immerhin was gesagt. Aber das passte dem Vater natürlich auch wieder nicht, woraufhin die Mutter leise bemerkte, dass man es ihm einfach nicht recht machen könne.

Mia entdeckte endlich die Staubsterne.

»Die tanzen!«, sagte sie.

»Ja, hübsch, oder?«

Mia nickte.

Beide guckten sich die tanzenden Staubsterne an.

Stern über Bethlehem, dachte Bo. Nur lockten diese Sterne in seinem Zimmer leider keine drei Weisen aus dem Morgenland an. Die hätten sie aber gut gebrauchen können. Natürlich nicht wegen dieser bekloppten Geschenke: Gold, Weihrauch und so 'n Zeug konnten Bo gestohlen bleiben. Gescheite Geschenke wären gut gewesen, aber die kriegten sie ja eh. Nein, er wünschte sich die drei Weisen aus dem Morgenland, damit sie, weise wie sie waren, seinen Eltern sagen könnten, wie man drei Tage durch zwei Erwachsene teilt.

Aber es waren ja keine echten Weihnachtssterne. Es waren nur Staubkörnchen. Und er und Mia waren auch nicht Maria und Josef, sondern Mia und Bo, und sie waren auch in keinem Stall, sondern unter seinem Bett. Und da kommen nun mal keine drei Weisen aus dem Morgenland vorbei. Weder mit Tipps für die Eltern noch mit Geschenken für die Kinder.

»Bo?«

»Ja?«

»Kannst du Hauke anrufen?« Mia schluchzte.

Bo seufzte. Wie sollten sie das anstellen? Das Telefon stand unten im Flur. Und Bo wollte keinen Schritt aus seinem Zimmer machen, solange da unten gestritten wurde. Selbst den Kinderfilm, der gerade im Fernsehen lief und fest versprochen war, ließ er sausen.

»Ich hab gerade kein Telefon«, sagte er.

»Aber ich.« Mia zog das Schnurlosteil aus der hinteren Hosentasche ihrer Jeans.

Das hätte Bo ihr gar nicht zugetraut! Mia war manchmal eben doch erstaunlich pfiffig, das hatte Hauke Bo schon tausendmal gesagt und jetzt merkte Bo, dass Hauke mal wieder Recht hatte.

Bo drückte seine Schwester an sich. »Das hast du gut gemacht, Mia!« Er wählte die Handynummer seines großen Bruders.

Hauke ging sogar dran. Allerdings musste er noch Pakete ausfahren.

»Aber hier ist Eltern-Notfall.«

»Ich hab noch drei Pakete, Bo. Was ist denn los mit Papa und Mama?«

»Papa schreit«, berichtete Bo knapp.

»Na ja, das kommt schon mal vor und geht wieder vorbei. Haltet euch raus und die Ohren zu«, sagte Hauke. »Und Mama?«

»Die sagt nichts mehr«, sagte Bo.

Da schwieg Hauke. Bo konnte hören, wie er atmete. Dann sagte sein großer Bruder: »Ich bin in fünf Minuten bei euch.«

Auf Hauke war Verlass. Genau vier Minuten und zweiunddreißig Sekunden später rollte ein Lieferwagen über den Kiesweg. Bo und Mia schlichen zum Fenster. Unten stieg Hauke aus der Fahrerkabine. Bo und Mia winkten ihm, er sollte sofort raufkommen. Aber Hauke winkte ihnen auch, sie sollten sofort runterkommen.

»Ohne Winterjacke?«, fragte Mia.

Die Jacken hingen unten im Flur. Und vor den Jacken standen der schreiende Papa und die schweigende Mama. Da wollte Bo nicht hin. Und da wollte Mia nicht hin.

»Zieh deine beiden dicksten Pullis und die Regenjacke aus deinem Kleiderschrank an«, schlug Bo vor.

Sie kletterten aus Bos Fenster auf den kleinen Balkon. Von dort führte eine Wendeltreppe runter in den Garten, neben dem Hauke seinen Lieferwagen abgestellt hatte. Die dicken Pullis und Regenjacken waren gut gewählt, denn der Dezemberwind pfiff ganz schön um die Häuser des Dorfes.

»Was ist denn los?«, fragte Hauke.

»Riesenstreit«, sagte Bo knapp.

Mia sprang Hauke in die Arme und hielt ihn fest. »Du musst bei uns bleiben, Hauke!«

»Das geht nicht. Ich muss noch drei Pakete ausliefern«, sagte Hauke.

»Dann kommen wir eben mit«, sagte Bo.

»Genau!«, rief Mia. »Wir sind super Paketisten!«

Bo und Mia kletterten auf die Beifahrerbank des Lieferwagens und schnallten sich an.

»Leute, das geht nicht«, versuchte Hauke sie aus dem Wagen zu reden.

Aber Mia verschränkte die Arme vor der Brust und sagte: »Ich geh nicht mehr in das Schrei-Haus!«

Bo wollte nicht auch noch Streit mit Hauke anfangen, aber Mia hatte Recht. Er verschränkte auch die Arme vor der Brust. »Ich auch nicht.«

Hauke sah durch das kleine Fenster in den Laderaum des Wagens. »Noch drei.« Er kratzte sich an den Bartstoppeln. »Also gut. Aber wir müssen Mama und Papa Bescheid geben, sonst machen die sich Sorgen.«

»Später«, sagte Mia. »Fahr los!«

Mia fuhr unheimlich gerne Auto. Vor allem wenn sie vorne sitzen durfte. Und in Haukes Lieferwagen gab es ja nur die drei Sitze vorne.

Hauke startete den Motor und rollte aus der Einfahrt. Er reichte Bo das Handy. »Ruf mal an und sag den Streithähnen, wo ihr seid.«

Bo wählte. Er wartete. Seine Eltern hörten das Telefon nicht. Klar. Erstens waren die mit Streiten und Schimpfen beschäftigt, und zweitens lag das Telefon ja unter Bos Bett. Bo wartete, bis der Anrufbeantworter ansprang.

»Wir sind dann mal weg. Also … äh … mit Hauke. Bis später.«

Hauke sagte dazu nichts. Er fuhr. Dann sang er: »Schneeflöckchen, Weißröckchen, wann kommst du geschneit?«

Aber Mia hatte eine neue Version aus dem Kindergarten mitgebracht, die ging so: »Schneeflocken, lasst rocken! Dann kommt ihr und schreit!«

Bo saß zwischen beiden Versionen und wusste bald nicht mehr, welche er besser fand. Schneeflocken gab es aber sowieso nicht. Die hätte der Wind eh weggepustet.

Hauke brachte das erste Paket zu einem Bauern. Das zweite ging an eine Familie in einem klitzekleinen Dorf nahe der Küste.

»So, jetzt noch den Tannenbaum, dann haben wir frei«, sagte Hauke.

»Tannenbaum?«

Tatsächlich lag im Laderaum nur noch ein Tannenbaum. Auf dem Adresszettel an der Spitze war aber kein Straßen- und Ortsname vermerkt. Da standen nur zwei Zahlen. 54,57428°N, 8,44691°O.

»Ist das eine Telefonnummer?«, fragte Bo seinen großen Bruder.

»Nein, das sind Koordinaten, die sagen, wo genau das Haus steht. Das machen die Leute hier draußen manchmal, wenn sie in neu gebauten Häusern wohnen, die noch keine richtigen Straßen mit Straßennamen und Hausnummern haben.« Er ließ sich von Bo sein Handy zurückgeben und tippte die Koordinaten in das Telefon-Navi ein.

»Das Ziel ist nicht direkt erreichbar«, sagte die Navi-Stimme.

»Wetten, doch?«, sagte Hauke. »Bestimmt ist die Straße noch nicht in den Karten vom Navi eingetragen. Ich wäre nicht Hauke, der Paketmann, wenn wir das nicht hinkriegen würden.« Dann wendete er den Lieferwagen und fuhr nach Westen.

»Wir hätten auch wie die Seefahrer nach den Sternen fahren können«, sagte Bo. »Immer schön dem Abendstern entgegen.«

»Dann wären wir die Weisen aus dem Abendland«, sagte Mia.

»Die Richtung stimmt jedenfalls«, murmelte Hauke. Aber dann blieb er stehen. Denn die Straße war zu

Ende. Vor ihnen kam der Deich. Dahinter das Meer. Weit und breit kein Bauernhof oder Wohnhaus. Auch kein neu gebautes. Nur ein kleiner Bootsschuppen.

Hauke sagte nichts mehr. Das Handy-Navi sagte: »Das Ziel liegt in der angezeigten Richtung.« Der Pfeil zeigte noch immer nach Westen, aufs offene Meer hinaus.

Die drei Geschwister stiegen aus und liefen auf den Deich. Der Wind blies ihnen stramm entgegen, das Meer war ordentlich aufgewühlt.

»Also, ich seh da kein Haus«, sagte Hauke.

»Lass uns den Tannenbaum wegschmeißen. Dann fahren wir nach Flensburg in deine WG und da bleiben wir, bis Mama und Papa sich wieder eingekriegt haben«, schlug Bo vor.

Hauke wiegte den Kopf hin und her. Irgendwie schien ihm das keine schlechte Idee zu sein. Aber Mia war dagegen.

»Das können wir nicht machen! Es ist Weihnachten. Und wir sollen einen Tannenbaum ausliefern. Wir wissen doch gar nicht, wer den gekauft hat und warum. Vielleicht sitzt da ja jemand auf Pellworm oder so, und der hat nur den Straßennamen vergessen und muss unbedingt einen Tannenbaum haben für die zweiundzwanzig Waisenkinder, und die heulen dann bittere Tränen. So viele, dass die ganze Insel untergeht. Und dann? Dann sind wir schuld, dass Pellworm weg ist, und alle ertrinken in den Tränen der zweiundzwanzig Waisenkinder!« Mia begann schon mal zu schluchzen.

»Das ist doch Unsinn. So viele Tränen können Kinder gar nicht weinen«, sagte Bo. »Lassen wir den Baum hier stehen, sollen die sich den selbst abholen.«

Aber Mia schnäuzte sich die Nase und sagte: »Oder auf einer der Nordseebohrinseln da draußen ist eine alte Oma eingeklemmt und die hat sich ein Bein gebrochen, und der kann keiner helfen, nur ein verzauberter Tannenbaum wie der, den wir im Lieferwagen haben. Aber das nützt nichts, weil wir Idioten den nicht ausliefern.« Sie stampfte mit dem Fuß auf. »So eine Ungerechtigkeit von uns! Oder auf einem einsamen Felsen, kurz vor Helgoland, liegt ein verliebtes Walrosspaar, das sich nichts sehnlicher wünscht als einmal im Leben ein richtiges Weihnachtsfest. Die beiden haben es sogar geschafft, einen Tannenbaum im Internet zu bestellen, denn Walrösser können ja keine Bäume fällen. Sie haben Geschenke für ihre Kinderschar gebastelt und Algensalat gesammelt, um den Baum zu schmücken. Und diesen süßen und lieben Tieren verderben wir das Weihnachtsfest, weil wir zu faul sind, die letzten Meter ...«

»Schon gut, schon gut«, unterbrach Hauke. »Wir versuchen unser Glück.«

Er ging zum Bootshaus. Darin fanden sie ein kleines Fischerboot mit Außenbordmotor. Sie schrieben einen Zettel für den Besitzer: »Nur ausgeliehen! Schöne Grüße, Paketbote Hauke«.

Hauke hievte den Tannenbaum in das Boot und warf den Motor an. Dann ging es los: Sie fuhren nach Westen. Immer weiter und weiter, vorbei an den Inseln und Halligen, bis sie schließlich ein Leuchtfeuer sahen. Das lag genau auf ihrem Kurs.

»Ich werd verrückt«, sagte Hauke. »Der Tannenbaum ist für den Leuchtturm! Hoffentlich ist das kein blöder Scherz!«

Es war kein blöder Scherz. Der Leuchtturmwärter Cornelius freute sich riesig.

»Das habe ich in zwanzig Jahren noch nicht erlebt, dass mein Tannenbaum vor Pfingsten ankommt! Ihr seid die besten Paketboot-Boten aller Zeiten. Vielen Dank!« Er bat die drei herein.

»Wo soll der Tannenbaum denn hin?«, fragte Hauke. In dem kleinen runden Wohnzimmer in der siebten Etage des Turms war jedenfalls kein Platz mehr. Hier war alles voll mit Büchern, Filmen, Strickleiterstricken und anderem Krimskrams.

»Aufs Dach natürlich. Schließlich ist der für die Seefahrer«, sagte Cornelius. »Aber erst müssen wir ihn noch schmücken.«

Der Leuchtturmwärter suchte hübschen Schmuck aus seinen vielen Schachteln zusammen. Er hatte sogar eine Lichterkette. Dann brachten sie den Tannenbaum aufs Dach des Leuchtturms, wo Cornelius schon vor Jahrzehnten einen Tannenbaumhalter angeschweißt hatte.

»Na, na, das bläst uns ja hoffentlich nicht den Baum vom Dach!«, murmelte er, als er den Wind im Gesicht spürte. »Den knoten wir mal lieber fest.« Mit vier seiner Strickleiterstricke band er den Tannenbaum am Leuchtturm an.

»Halten die Knoten denn?«, fragte Bo. Der Wind pfiff und heulte. Die salzige Dezemberluft trieb ihm Tränen in die Augen.

»Na klar, das sind waschechte Leuchtturmwärter- und Seemannsknoten. Die halten bei Wind und Wetter.«

Die würde ich auch gerne können, dachte Bo. *Und das wäre mein einziger Weihnachtswunsch: einen Seemannsknoten zu lernen, der hält.* Damit würde er alles zusammenbinden, was zusammengehört.

»So, nun aber wieder rein in meine Stube«, sagte Cornelius. »Ihr habt euch ein Heiligabend-Abendbrot und einen heißen Tee verdient!«

Cornelius tischte alle guten Dinge auf, die er in seiner Vorratskammer hatte: Hummerbein und Gänse-

klein, dazu gab es Schwarzbrot und Bratkartoffeln und jede Menge Tee. Der wärmte Bos Bauch wieder auf und seine Hände und Füße auch.

Cornelius hatte immer das Radio an. Auch beim Abendessen redete der Kasten die ganze Zeit.

Plötzlich sagte Hauke: »Still! Hört mal, was sie sagen!«

Im Radio wurde eine Sturmwarnung durchgegeben: In dieser Nacht würde ein Orkan der Extraklasse toben.

»O-oh, heute Abend werdet ihr aber nicht mehr rüber ans Festland kommen«, sagte Cornelius. »Ihr könnt bei mir übernachten. Ein Luxushotel ist es ja nicht, aber gemütlich. Und wir können sogar ein bisschen Weihnachten feiern.«

Bo, Mia und Hauke sahen sich an.

»Das ist perfekt«, sagte Bo. »So teilen wir drei Tage durch zwei Eltern: Wir nehmen einen Leuchtturmwärter dazu!«

Mia fand Weihnachten auf dem Leuchtturm auch prima. Es gab zwar keine großen Geschenke, dafür aber viele kleine: Cornelius verpackte schöne Knöpfe, alte Töpfe und sogar zwei indianische Zöpfe in Geschenkpapier, während Mia ihre Mutter anrief.

»Nö, wir kommen erst morgen zu dir. Und übermorgen zu Papa«, hörte Bo sie sagen. »Aber Mama, das ist ganz gerecht: ein Mama-Tag, ein Papa-Tag, ein Leuchtturm-Tag!«, erklärte Mia. »Da brauchen wir gar keinen Streit für, sondern nur ein Boot, einen Tannenbaum und Cornelius.« Dann hörte Bo Mama etwas fragen. Und Mia sagte: »Wir mussten losfahren. Weil Cornelius den Tannenbaum brauchte. Und das Boot bringen wir ja dem Fischer zurück. Das hat Hauke nicht geklaut.«

Da wollte Mama sofort Hauke sprechen.

Hauke erzählte alles noch einmal und versprach, dass sie sofort zurück nach Hause kämen, wenn sich der Sturm gelegt hätte.

Bo hörte aber nicht mehr richtig zu. Er musste sich konzentrieren. Denn Cornelius zeigte ihm Seemannsknoten.

»Ein guter Knoten hält nicht nur, er lässt sich auch lösen«, erklärte Cornelius.

Bo übte wieder und wieder. Und irgendwann hatte er den Bogen raus.

»Am liebsten würdest du auch deine Eltern zusammenknoten, oder?«, fragte Cornelius Bo später am Abend.

Der Wind pfiff um den Leuchtturm, das Leuchtfeuer war eingeschaltet und jeder Käpten, der den Tannenbaum sah, ließ das Nebelhorn einmal tuten.

»Nein, meine Eltern hält der beste Knoten nicht zusammen. Aber ein guter Knoten wird ja nicht nur geknüpft, sondern lässt sich auch lösen. Und das kriegen die noch weniger hin als das Zusammenleben«, überlegte Bo. »Wir bräuchten eben die Weisen aus dem Morgenland.«

Cornelius sah Bo an, dann musterte er Mia, die sich wie eine Schneekönigin über den dritten Keks freute, den sie auspackte – obwohl sie ja wusste, was in dem Geschenk war. Schließlich lächelte er Hauke zu und sagte zu Bo: »Die drei Weisen? Wenn ihr die mal nicht selbst seid.«

»Wir?«, fragte Bo. So ein Quatsch.

Andererseits, wer hatte denn die Staubsterne bemerkt? Und wer war immer nach Westen gereist?

»Aber wir haben dir kein Gold, keinen Weihrauch und so 'n Zeug gebracht«, sagte Bo. »Sondern nur einen Tannenbaum.«

»Da siehst du mal, wie weise ihr seid«, sagte Cornelius und lachte.

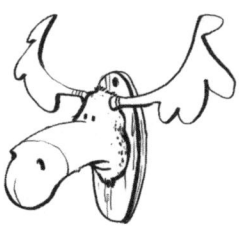

»Aber es wird probiert!«

Wenn meine Eltern mal wieder irgend so einen super-
gesunden und superekligen Pudding auf den Mittags-
tisch stellen, den sich echt nur völlig beschränkte Zom-
bies freiwillig in den Mund stecken würden und der
angeblich ein leckerer Auflauf sein soll, dann sagen sie
zu meiner Schwester Selma und mir immer: »Ihr müsst
es nicht mögen, Mädels, aber es wird probiert!«

Das coolste Weihnachtsfest von allen feierten wir in
dem Jahr, in dem Selma zu Mama und Papa, Oma und
Opa gesagt hat: »Ihr müsst es nicht mögen, aber es
wird probiert!«

Nur meinte sie keinen Zombie-Pudding, sondern
Weihnachten in Schweden. Mit Dänen. Wahnsinnigen
Dänen. Aber das wussten wir anfangs noch nicht.

Eigentlich war an allem Onkel Hubert schuld.

Onkel Hubert ist der coolste Onkel, den man sich

vorstellen kann, denn er war mal Seemann, Geldbriefträger auf Hawaii und Taxifahrer in Buenos Aires. Und Hubert brachte uns Mädchen immer echt abgefahrene Geschenke mit (ausgestopfte Alligatoren, echte Fallschirme, Periskope vom U-Boot, Schwimmwesten und anderes Zeug, das wir supergut gebrauchen können, aber in keinem Spielzeugladen kriegen). Aber dann hat er sich am Strand von Rio de Janeiro doch glatt verliebt. Und zwar in eine tolle Frau, die da gerade zu Besuch bei ihrem Bruder war. Die Frau war keine Brasilianerin, sondern Elin.

Elin ist aus Dänemark, aus Kopenhagen, und da ist sie auch wieder hingeflogen. Denn Elin hat drei Jungs. Onkel Hubert ist direkt mitgeflogen, und weil Elin und Onkel Hubert fanden, dass drei Jungs noch nicht genug Kinder sind, haben sie noch ein Kind gemacht. Das war noch nicht ganz fertig, als die Sache mit Weihnachten war. Aber fast, ich meine: Elin war schon kugelrund im Dezember.

Bei uns in der Familie gibt es ziemlich viele klare Regeln: Hände werden gewaschen, Essen wird probiert, die Füße kommen unter den Tisch, die Haare werden gekämmt und Weihnachten wird mit Onkel Hubert bei Oma und Opa im Sauerland gefeiert. Egal wo auf der Welt sich Onkel Hubert herumgetrieben hat: Vom 24. bis zum 26. Dezember war er immer in Plettenberg bei Oma und Opa. Und wir natürlich auch. Da konnten sich die Eltern von Papa auf den Kopf stellen. Weihnachten bei Mamas Eltern war Gesetz und an dem Gesetz wurde nichts geändert. Bis Elin in Onkel Huberts Leben trat.

Elin hat nicht so viele Regeln wie wir. Aber eine gibt es: Weihnachten wird mit den Jungs in Südschweden gefeiert, im Ferienhaus, das sie von ihren Eltern geerbt hat.

Das war natürlich ein ziemliches Problem. Vor allem für Onkel Hubert, denn der wollte lieber in Südschweden bei seiner schwangeren Elin sein als in Plettenberg bei Oma und Opa, seiner Schwester und seinen zwei entzückenden Nichten (das sind natürlich Selma und ich). Aber Oma bestand darauf, dass die ganze Familie zusammen feiert. Und Opa sagte, dass er schon den Tannenbaum geschlagen habe und den pflanze er jetzt nicht wieder ein. »So eine Sauerlandtanne kann einiges vertragen, aber erst umhauen und dann wieder reinstecken, das geht nicht.«

Onkel Hubert meinte aber, dass die Fahrt von Kopenhagen viel zu weit sei und Elin so was von schwanger, dass sie in kein Flugzeug mehr passe.

Er war ziemlich verzweifelt und Oma und Opa auch und Mama sowieso, bis Selma meinte: »Dann feiern wir eben alle zusammen in Südschweden.«

Da sagten Mama und Opa nichts mehr.

Oma meinte: »Papperlapapp.«

Aber Onkel Hubert, der am Telefon war, fand die Idee super.

Elin auch. »Wird ein bisschen eng. Aber gemütlich und kuschelig«, sagte sie.

Oma wollte nicht und sagte, dass ihr Auto kaputt sei. Opa heulte rum, weil er doch schon den Baum geschlagen hatte. Mama war die Fahrt zu weit und Papa hat Angst vor dem Fliegen.

Da sagte Selma endlich den tollen Satz: »Ihr müsst es ja nicht mögen. Aber probiert wird! Das gilt für Weihnachtsfeiern und fürs Mittagessen. Wenn ihr Südschweden nicht probiert, dann werden Rieke und ich nie wieder eure bescheuerten Hirseaufläufe und das ganze Zombiegetreidezeugs probieren! Und Opas Tannenbaum nehmen wir einfach mit.«

Das haben wir dann echt gemacht. Wir sind in unserem uralten Rostbus nach Plettenberg gefahren, was ziemlich cool war, weil wir eine Menge Gepäck hatten und den Dachgepäckträger auch noch drauf und jede Menge Geschenke für die drei Jungs von Elin und für uns und Onkel Hubert und Elin und für Opa und Oma natürlich auch. Dann sind Oma und Opa in Plettenberg dazugestiegen und der Tannenbaum, der echt groß war in diesem Jahr, kam aufs Dach.

»Jetzt aber los!«, hat Papa gesagt, denn wir mussten die Fähre in Kiel rechtzeitig erreichen.

Unser Bus hat ausnahmsweise nicht schlappgemacht und wir hatten auch nur drei Staus, und Oma, Opa, Papa und Mama konnten sich mit dem Fahren abwechseln, so dass wir die Fähre gekriegt haben.

Die Fähre war randvoll mit Leuten, die keine Lust auf Weihnachten hatten, und lauter Schweden, die sich total auf Weihnachten freuten und endlich nach Hause wollten. Unser Auto war aber das einzige mit einem Tannenbaum auf dem Dach und einer der Schweden hat Papa gesagt, dass es in Schweden jede Mengen Fichten gäbe. Papa meinte, dass ihm das auch schon aufgefallen sei, weil die meisten schwedischen Möbel ja aus Fichtenholz seien.

Der Schwede war sehr nett. Er sagte, dass man ja auch Eulen nach Athen tragen könne. Das fand Papa lustig, aber ich habe es nicht kapiert, bis Papa mir das erklärt hat: Die Eule galt bei den alten Griechen als das Tier der Pallas Athena. Das ist die Göttin der Weisheit, Kunst und Wissenschaft und sie war die Schutzgöttin von Athen. Eulen galten also als besonders klug und in Athen wohnten besonders kluge Leute und noch dazu diese Göttin der Weisheit. Also ist es Unsinn, Eulen nach Athen zu tragen. Denn erstens können Eulen fliegen und zweitens gab es in Athen mehr als genug davon.

Aber Tannenbäume können ja nicht vom Sauerland nach Südschweden fliegen, die muss man schon tragen, finde ich.

Papa meinte, ich hätte den Witz nicht kapiert. Als wir dann stundenlang durch dichte Fichtenwälder gefahren sind und erst spät in der Nacht an dem Haus von Elin ankamen, da habe ich den Witz schon kapiert. Aber da war er nicht mehr lustig.

Elins Ferienhaus ist ein niedliches rotes Holzhaus mit einem eigenen Bootssteg, das direkt an einem See liegt, der umgeben ist von dichten Nadelwäldern. Im See gibt es Fische. Im Wald gibt es Elche. Und im nächsten Dorf gibt es Schweden.

Im Haus waren aber nur Dänen und wir. Und die Dänen waren echt irre drauf, das haben wir am nächsten Tag, dem Weihnachtstag, gemerkt. Die drei Jungs von Elin hießen Ture, Laurids und Kniv. Ture war ein Jahr älter als ich und Laurids war ein Jahr älter als Selma und Kniv war fünf. Aber alle drei waren viel größer, als wir gedacht hatten.

Selma meinte erst: »Drei Jungs und wir. Wenn das mal nicht schiefgeht.«

Ging es aber nicht. Denn erstens verstanden wir überhaupt kein Wort Dänisch, als wir nach Schweden kamen. Zweitens konnte nur Ture ein bisschen

Deutsch und wir mussten immer Englisch reden. Und drittens waren die trotzdem lustig und nett.

Ture hat dabei geholfen, den Tannenbaum vom Auto zu heben, und hat was zu Onkel Hubert gesagt, und Onkel Hubert hat gelacht und dann auch was zu Ture gesagt und Opa meinte: »Lacht ihr über meinen Baum?«

»Quatsch, das würde ich niemals tun«, hat Hubert gesagt. »Ture fragte nur, ob du ihn hier im Wald vielleicht umtauschen und einen anderen dafür mit zurück ins Sauerland nehmen willst.«

Es standen schon verrückt viele Fichten da. In allen Größen. Aber Opa war das egal. Er hatte seinen Baum für uns geschlagen und der wurde jetzt in das ziemlich niedrige Wohnzimmer gestellt. Das ging erst beim dritten Versuch, weil der Baum zu lang war und Opa zweimal die Kettensäge ansetzen musste.

Das Essen von Elin und Hubert war superlecker. Wir haben auch gesungen und die Dänen meinten, wir müssten um den Baum herumtanzen. Das fand Opa eigentlich viel zu gefährlich. Aber Elin sagte: »Wild und gefährlich ist lustig und gut.«

Oma murmelte: »Wir müssen es ja nicht mögen. Aber es wird probiert!« Und dann hatte sie den größten Spaß am Tannenbaum-Tänzchen.

Später haben wir Bescherung gemacht und uns

kaputtgelacht, weil Ture den Pullover, den Oma ihm gestrickt hat, echt anzog, obwohl der mindestens zehn Nummern zu klein war.

»Bauchfrei ist ja schick«, hat Elin gesagt.

Dann hat sie das für Ture übersetzt und ab da hatte der ein neues Lieblingswort: »Bauchfrei!« Den Pulli zog er nicht mehr aus. *Cooler Typ*, dachte ich.

Laurids hat seinen Pulli auch angezogen und bei ihm waren die Ärmel viel zu lang, so dass sie herumschlenkerten wie zwei wilde Schlangen oder Affenschwänze.

»Ihr müsst es nicht mögen …«, sagte Selma zu mir und da musste ich so lachen, dass mir die Mandeltorte aus dem Mund fiel. Das hat Onkel Hubert dann übersetzt und da haben die Jungs gesagt, dass sie uns was zeigen wollen.

»Karneval in Rio!«, hat Ture gesagt.

»Viva Colonia!«, hat Laurids plötzlich gesungen. Das ist so ein Karnevalslied aus Köln, das wird bei uns immer an Rosenmontag gesungen, wenn wir alle verkleidet auf der Straße herumlaufen und mit Bonbons beworfen werden.

Ich finde Karneval natürlich super, aber doch nicht an Weihnachten!

»Ich glaube, die wollen sich verkleiden!«, habe ich Selma gesagt.

»Ich glaube, die spinnen«, hat Selma geantwortet. Recht hatten wir beide.

Ture hat uns eine Kiste auf dem Speicher gezeigt. Darin war ein echt gruselig-cooles Elchkostüm. Und ein Bärenkostüm war auch dabei. Beide waren für zwei Leute gemacht. Also, einer musste in den vorderen Teil vom Elch kriechen, der andere musste einen Buckel machen und war dann der Elch-Popo. Beim Bär war es genauso.

Kniv fand das nicht gruselig, sondern lustig und hat sich einen uralten Räuberhut aufgesetzt und getanzt.

Ture hat dann auf Englisch gesagt, dass sie eine wichtige Weihnachtsregel haben: Um Mitternacht werden die Eltern erschreckt.

»Macht man das so in Dänemark?«, hat Selma gefragt.

»Nein«, hat Ture geantwortet. »Aber wir sind ja auch in Schweden.«

Oma und Opa waren noch so müde von der Fahrt, dass sie schon bald ins Bett wollten.

Aber mit den Betten war es so eine Sache. Denn in dem putzigen Haus gab es eigentlich nur sechs davon: ein breites Ehebett im Elternschlafzimmer. Darin schliefen Oma und Opa. Im Kinderzimmer standen zwei Etagenbetten. In denen schliefen Mama (oben links, Papa hat Höhenangst) und Papa (unten links), Elin (unten rechts, die konnte mit dem dicken Bauch unmöglich die Leiter rauf) und Onkel Hubert (oben rechts, schließlich hat der vor nichts und niemandem Angst). Wir Kinder kriegten Matten, die im Wohnzimmer auf dem Boden ausgerollt wurden. Mit Schlafsäcken drauf. Das fanden wir super.

Um Mitternacht hat Ture uns dann alle geweckt. Selma, Laurids und ich waren sofort wach. Kniv schlief.

»Viva Colonia«, hat Laurids geflüstert.

Dann sind wir auf den Speicher und haben das Elchkostüm und das Bärenkostüm und den Räuberhut für Kniv geholt. Ture blieb unten und hat Kniv weiter geweckt, weil der immer wieder eingeschlafen ist. Als wir zurückkamen, kniete Kniv auf seiner Matte und hatte die Augen halb auf. Wir haben ihm den Räuberhut auf den Kopf gesetzt. Da ist er sofort wieder eingeschlafen und zurück aufs Kissen gesunken wie ein alter Mehlsack.

»Den können wir vergessen«, hat Selma gesagt.

Ture und ich sind in das Elchkostüm geklettert. Wir wollten aus dem Haus schleichen. Aber Schleichen ist gar nicht so einfach, wenn man nicht sieht, wohin man geht. Ich war der vordere Teil vom Elch und musste durch die riesigen Nasenlöcher schauen.

Das klappte nur sehr schlecht und Ture hielt sich an meinem Gürtel fest, weil er der Elch-Popo war, und kriegte einen Lachkrampf, als wir die Haustür nicht fanden.

Selma ist zwar zwei Jahre jünger als ich, aber manchmal ist sie einfach pfiffiger. Sie und Laurids haben das Bärenkostüm erst draußen angezogen.

Dann ging es los: Wir haben die Taschenlampen eingeschaltet, denn Südschweden ist verdammt dunkel bei Nacht und im Wald stehen zwar Bäume, aber keine Straßenlaternen. Wir sind einmal um das Haus herumgegangen bis zum Fenster von unseren Eltern. Dachten wir jedenfalls.

Da wusste ich erst nicht, was wir machen sollten. Aber Laurids, der im vorderen Teil vom Bärenkostüm steckte, klopfte kräftig vor die Scheibe und dann begannen Bär und Elch zu singen.

»Stille Nacht, heilige Nacht«, sangen der Kopf vom Elch und der Po vom Bär.

»Glade jul, dejlige jul«, sangen der Po vom Elch und der Kopf vom Bär.

Irgendwann ging das Licht an. Dann guckte mir jemand ins Gesicht und schrie vor Schreck: »Wilde Tiere! Wilde Tiere! Hubert, da draußen sind wilde Tiere! Hol die Flinte aus dem Koffer! Knall die Viecher ab.«

Das war Oma. Wir hatten uns im Fenster geirrt.

Wir mussten eins weiter nach links, was nicht ganz einfach war, weil Ture immer sagte: »Til venstre!«, und ich meinte: »Nee, wir sind schon am Fenster, aber es ist das falsche!«

Til venstre heißt aber auf Dänisch: *nach links*. Die scheinen die Fenster also häufiger zu verwechseln.

Wir sind dann fast umgefallen vor Lachen, weil Laurids wieder anfing »Viva Colonia« zu singen, bis auch im linken Fenster das Licht anging.

Da sah ich dann Papa, Mama und Onkel Hubert durch die Nasenlöcher des Elchs.

Onkel Hubert öffnete das Fenster und sagte: »Elin, da draußen stehen ein Elch und ein Bär, die singen sehr schräg. Was soll ich machen?«

Elin sagte ziemlich schlaftrunken: »Wie die Oma gesagt hat: Knall sie ab! Dann gibt es lecker Elchsteak zum Frühstück.«

»Schmeckt das?«, fragte Mama.

»Du musst es nicht mögen, aber es wird probiert!«, sagte Elin.

»Äh, Moment«, sagte der Elch, also ich. »Ich glaube, wir stehen unter Naturschutz!«

Onkel Hubert legte den Kopf schief. »Elin, was soll ich machen, wenn der Elch sprechen kann? Deutsch. Nicht schwedisch.«

»Trink weniger Schnaps«, sagte Elin. »Und schick

den Elch ins Bett. Wer bei drei nicht im Schlafsack ist, muss morgen spülen!«

»Alles?«, fragte der Po vom Elch auf Dänisch.

»Alles! Ihr ganz allein, du dummer Elch und du dummer Bär!«, sagte da Elin auf Dänisch und Onkel Hubert übersetzte es sicherheitshalber auch noch ins Deutsche.

Ich glaube nicht, dass schon einmal ein Bär und ein Elch schneller im Bett gewesen sind als wir vier an diesem herrlichen Weihnachtsabend.

»Du hattest nicht Recht«, sagte ich zu Selma, als wir in den Schlafsäcken lagen. »Weihnachten in Schweden muss man nicht probieren. Aber man muss es mögen!«

Blitzgips

Für Lena und ihre Eltern war es immer etwas ganz Besonderes, den Weihnachtsbaum zu kaufen. Jedes Jahr fuhren sie ein paar Tage vor Heiligabend raus aus der Stadt, um bei Tannenbaum-Baumann direkt am Waldrand das schönste Exemplar auszusuchen – den Baum, der genau richtig für sie war.

Das ist gar nicht so leicht, denn so ein Tannenbaum kann ja so oder so oder so aussehen: dicht wie Gestrüpp oder schlank wie eine Gazelle, mit grünen oder bläulichen Nadeln, mit einer, zwei oder sogar drei Spitzen. Und neben den vielen geraden gibt es ja auch noch die etwas krumm gewachsenen.

Lena, Papa und Mama wählten sich immer einen Baum aus, der genau zu dem Jahr passte, das sie bis dahin erlebt hatten.

Als Lenas Cousins, die Zwillinge Till und Peer, vor

drei Jahren zur Welt gekommen waren, kauften sie einen Tannenbaum mit Doppelspitze. Als sie vor zwei Jahren der Küche einen blauen Anstrich verpasst hatten, nahmen sie eine Blautanne. Und als Papa im letzten Jahr gekündigt wurde, er lange arbeitslos blieb und dann durch Zufall eine neue Stelle bekam, die er viel besser fand als die alte, da suchten sie sich einen Tannenbaum aus, der erst in die eine Richtung, dann in die andere und dann immer geradeaus gewachsen war.

»Genau so ist es uns ergangen in den letzten Monaten, der Baum passt zu uns«, hatte Papa gesagt. Und er hatte Recht.

In diesem Jahr war es jedoch schwieriger, einen passenden Baum zu finden. Erstens war es ein ganz normales Jahr, keine Babys, keine neuen Farben an den Wänden, keine Arbeitslosigkeit. Und zweitens sagten die im Radio, dass es ein Blitzeis geben könnte.

»Da kaufen wir unseren Tannenbaum mal lieber an der Ecke und nicht bei Tannenbaum-Baumann«, schlug Mama vor.

Aber Lena fand das blöd. Und Papa meinte: »Ach was, das schaffen wir schon.«

Der Hinweg klappte gut. Es regnete nicht und es schneite auch nicht. Und Herr Baumann freute sich, dass sie trotz der Wettervorhersage gekommen waren.

»Was war denn in diesem Jahr so los bei Ihnen?«, fragte er.

»Wir hatten ausnahmsweise mal ein ganz erfreulich normales Jahr«, sagte Papa.

»Na, dann suchen Sie sich einen ganz erfreulich normalen Baum aus.«

Aber wie sah ein ganz normaler Tannenbaum aus? Eher grün oder eher blau? Eher krumm oder eher gerade? Lena fand es viel schwieriger als sonst, den richtigen Baum zu finden. Am Ende entschied Mama einfach, dass der Baum zwei Meter hoch, grün und nicht zu pieksig sein sollte und eine gerade Spitze haben müsse. Mit genau so einem Exemplar auf dem Dachgepäckträger machten sie sich etwas später auf den Rückweg.

Erst fuhr Papa noch recht schnell. Dann begann es zu regnen und er wurde langsamer. Aber das half nicht viel. Der Regen gefror auf der Straße sofort zu Eis und in einer Kurve kurz vor der Stadt passierte es: Das Auto drehte sich, kam von der Straße ab, prallte erst gegen einen Baum und rutschte anschließend auch noch die Böschung runter.

»Autsch, mein Bein«, rief Lena.

»Autsch, mein Arm!«, stöhnte Mama.

Papa rief sofort den Krankenwagen und den Abschleppdienst an. Dann jaulte auch er: »Mit meinem Knie ist irgendwas gar nicht in Ordnung. Autsch.«

Das Auto sah ebenfalls ziemlich mitgenommen aus und pfiff Rauch aus dem Motorraum. Nur dem Tannenbaum auf dem Dach, dem ging es ganz erfreulich gut, der hatte sich kein Haar und keine Nadel gekrümmt.

Zwei Stunden später lagen sie alle gut versorgt im Krankenhaus: Papas Bein hatte eine Schiene bekommen, musste aber zum Glück nicht operiert werden. Mamas Arm steckte in einem schicken blauen Gipsverband und Lenas Bein in einem knallroten Gips. Den hatte sie sich ausgesucht. Die nette Ärztin, Frau Rothmann, klebte ihr sogar ein goldenes Sternchen drauf. Außerdem drückte sie Lena noch ein paar Extrapackungen Gipsverband in die Hand. »Damit kannst du deine Puppen verarzten.«

Am 24. Dezember waren Papa, Mama und Lena zwar wieder zu Hause, aber viel machen konnten sie natürlich nicht. Deshalb kamen Lenas Tante Claudia und ihr Onkel Rolf mit den Zwillingen vorbei, um auszuhelfen und gemeinsam mit ihnen Heiligabend zu feiern. Als Erstes kümmerten sie sich um den ganz normalen Tannenbaum. Denn das hatte Papa mit seinen Gehstützen und Mama mit ihrem Gipsarm nicht geschafft. Nach einer Stunde stand er wunderbar da, an seinem üblichen Platz: im Türrahmen zwischen Ess- und Wohnzimmer. Er breitete seine Zweige aus und die Goldkugeln und Kerzen hingen daran und die Sterne natürlich. Rolf, der Witzbold, hängte auch noch zwei Engelchen an die beiden Haken im Türrahmen, an denen früher Lenas Schaukel befestigt war. Die flogen nun schön um die Tannenbaumspitze herum.

Till und Peer fanden den Baum toll.

»Super Tannenpaum!«, sagte Till.

Peer sagte: »Super Tunnelpaum!« Dann krabbelte er unter den Zweigen hindurch vom Esszimmer ins Wohnzimmer. Der Baum schwankte. Peer lachte und Till wollte sofort mitmachen.

»Nein!«, rief Claudia. »Das dürft ihr nicht! Auf gar keinen Fall, sonst stürzt der Baum um!«

»Auf gar, gar, gar keinen Fall!«, ermahnte auch Rolf seine Söhne.

Die guckten ihre Eltern mit ihren großen, süßen Kulleraugen an. Till sagte: »Ich war's nich!«

Und Peer flötete: »Ich auch nicht! 'tschulligong.«

Alle lachten. Den Jungs konnte man einfach nicht böse sein. Zumal der Tannenbaum ja noch stand und nichts passiert war.

Am Abend wollten Mama und Papa mit Rolf und Claudia in die Kirche. Lena musste nicht mit. Mit so einem Gipsbein über die vereisten Wege zu humpeln war ja nicht ganz ungefährlich.

Als er das hörte, rief Peer: »Wenn Lena hier pleipt, pleip ich auch!«

»Ich auch!«, fiel Till mit ein. »Ich auch! Ich auch!« Er wurde immer lauter und strampelte wie wild mit den Füßen, bis Claudia ihn fragte: »*Was* willst du?«

»Ich will auch«, sagte Till und schniefte. »Darf ich?«

»Du darfst bestimmt, aber was denn?«

Das hatte Till vergessen. Er sah zu Peer. »Was will ich?«

»Wir pleim hier!«, entschied Peer.

Da nickte Till erleichtert, weil er endlich wieder wusste, warum er den Anfall gekriegt hatte.

Claudia musste grinsen und fragte Lena, ob das für sie okay sei, auf die beiden Rabauken aufzupassen.

»Logisch«, sagte Lena. Sie mochte Till und Peer. Die beiden machten zwar eine Menge Unsinn, aber genau genommen fand sie den meisten Unsinn, den ihre Cousins so aushecken, selbst ganz spaßig.

Kaum waren die Erwachsenen weg, wollten die Zwillinge mit Lena Fangen spielen. Aber mit ihren Gehstützen kam die den beiden Jungs einfach nicht hinterher. Als Till und Peer das kapierten, legten sie richtig los: Sie holten Töpfe aus der Küche und bauten die im Esszimmer als Schlagzeug auf. Dann schoben sie sich unter dem Tannenbaum durch zu Lena ins Wohnzimmer.

»Nicht da durch!«, rief Lena. Der Tannenbaum schwankte schon sehr bedenklich.

»Warum nicht?«, fragte Till, während Peer direkt noch einmal zurückkrabbelte.

»Weil der Baum sonst umkippt!«

»Macht aber Spaß! Mach mit, Lena!«, rief Till und krabbelte auch noch einmal durch.

Dann dachten die beiden sich ein Spiel aus: Blitzeis. Eigentlich war es wie Fangen: Sie schoben sich einer nach dem anderen unter dem Tannenbaum durch ins Wohnzimmer, jagten von dort in die Küche, von der Küche ins Esszimmer und von da wieder unter dem Tannentunnel durch ins Wohnzimmer. Dabei versuchten sie sich zu kriegen und brüllten die ganze Zeit wie am Spieß: »Blitzeisalarm! Blitzeisalarm!«

»Aufhören!«, rief Lena, aber die Jungs dachten gar nicht dran. Sie wurden immer schneller und schneller, bis es plötzlich passierte: Till erwischte Peer genau in dem Augenblick, in dem er unter dem Baum durchkrabbeln wollte. Peer drehte sich, um sich zu wehren, und irgendwie drehte sich der ganz normale Tannenbaum mit, schwankte einmal vor und zurück und kippte dann mit viel Schwung ins Wohnzimmer. Die Spitze knallte voll auf den kleinen Tisch, neben dem Lena saß. Es schepperte und klirrte und etwas machte sehr laut »Knacks«.

Till und Peer standen für einen Augenblick sprachlos da und guckten mit ihren Kulleraugen.

»Ich war's nicht!«, sagte Till.

»Ich auch nicht. 'tschulligong«, sagte Peer.

»Na wer denn sonst?«, fragte Lena. Die Jungs waren ja wohl verrückt geworden! Und der Weihnachtsbaum war hin: die Glaskugeln zerdeppert, die Kerzen schief und die Spitze angeknackst.

»Oje, oje, oje, oje«, fasste Till fachmännisch zusammen. »Sieht slimm aus.«

»Sehr slimm!«, bestätigte auch Peer.

»Das gibt Simpfe«, sagte Till traurig.

»Jede Menge«, sagte Peer.

»Vor allem für Peer«, sagte Till.

»Gar nicht! Ich war's nicht! 'tschulligong!«, sagte Peer.

Aber bevor sich die zwei Scherzkekse wieder streiten konnten, rief Lena: »Haltet die Luft an! Alle beide! Wir müssen das reparieren. Sofort!« Sie hatte auch schon einen prima Plan, wie das gehen könnte. »Wenn ihr genau macht, was ich euch sage, dann kriegt nachher keiner Schimpfe. Bestimmt nicht.«

Da spitzten die Zwillinge die Ohren. Und sie gehorchten ihrer Cousine aufs Wort: Till holte ein paar alte Tennisbälle und Papas Kletterseil aus der Abstellkammer und Alufolie aus der Küche. Peer schleppte

einen Eimer Wasser herbei. Till brachte Lenas Krankenhaustasche aus ihrem Zimmer und Peer bastelte inzwischen aus der Folie und den Bällen silberglänzende Weihnachtskugeln.

Lena nahm ihre Tasche, fischte das Paket mit dem Gipsverband heraus und weichte die Binden im Wasser auf. Dann legte sie dem Tannenbaum an der angeknacksten Stelle einen schönen Gipsverband an. Jetzt war die Spitze wieder gerade und fest. Das Kletterseil hängte Lena als Lametta-Ersatz in die Zweige. Auch die Kugeln, die Till und Peer gebastelt hatten, sahen einigermaßen aus.

Jetzt mussten sie den reparierten Tannenbaum nur noch aufrichten. Das aber war schwieriger, als Till und Peer gedacht hatten.

»Der piekst!«, rief Till.

»Ich war's nicht!«, rief Peer.

Dann probierte Lena es, ohne Erfolg. Der Baum war einfach zu schwer.

Sie sah auf die beiden Engel, die an den Schaukelhaken im Türrahmen hingen. »Könnt ihr nicht ein bisschen helfen, ihr Engelchen?«

Aber die Engel sagten nichts. Natürlich nicht. Schließlich waren die aus Plastik.

Doch plötzlich hatte Lena eine Idee!

Sie ließ Till und Peer die Trittleiter aus der Abstellkammer holen. Während die beiden die Leiter genau im Türrahmen aufstellten, wickelte Lena das Kletterseil-Lametta wieder aus den Zweigen. Sie knotete es oben am Baum fest, nahm das lose Ende des Seils, humpelte rüber zur Leiter und kletterte ganz langsam Stufe für Stufe hinauf. Als sie oben war, zog sie das Seil durch den linken Schaukelhaken. Zum Glück war es lang genug, dass es bis auf den Boden baumelte.

»Dann wollen wir doch mal sehen, wie stark wir drei sind!«, sagte Lena, als sie wieder unten stand und die Trittleiter weggeschoben hatte.

Die Jungs waren stark. Sie waren sogar stärker, als Lena dachte. Sie zogen und zogen gemeinsam und Stückchen für Stückchen schafften sie es, den eingegipsten Tannenbaum aufzurichten.

Als er endlich wieder stand, pfriemelte Lena das Seil zwischen den Zweigen am Stamm entlang und knotete das Ende am Ständer fest. »Das ist der Sicherheitsgurt, damit es nicht noch einen Blitzeisunfall gibt.«

Sie waren gerade fertig, als sie die Tür hörten. Mama, Papa, Claudia und Rolf kamen ins Wohnzimmer. Sie sahen die Scherben der Goldkugeln auf dem Boden. Sie sahen den ramponierten Tannenbaum mit der eingegipsten Spitze und dem Sicherheitskletterseil am Schaukelhaken. Und sie sahen Till, Peer und Lena dahinter.

Die Brüder riefen gleich, dass sie es aber nicht waren, und entschuldigten sich trotzdem. Claudia und Rolf guckten sehr streng auf ihre Söhne. Aber Papa, Mama und Lena betrachteten den Gips am Baum. Dann sahen sie auf ihre Gipsarme und Gipsbeine. Lenas Eltern fingen an zu lachen.

»Kinder, das habt ihr großartig hingekriegt!«, sagte Papa. »Jetzt passt der Tannenbaum mal wieder genau zu uns. Wie jedes Jahr.«

Die Erfindung des Tannenbaums

»Ach du heiliger Birnbaum«, sagte Ritter Gunter und kratzte sich am Kettenhemd.

»Wir sind am Ende.« Sein Bruder Gernot warf noch einen Scheit ins Feuer des Kamins.

Das Feuer prasselte und wärmte die Burg *Schöne Aussicht* nur notdürftig. Ritter Giselher, der jüngste der drei Brüder, fröstelte noch immer. Er hatte den Brief in der Hand. Und er hatte ihn selbst vorgelesen. Denn nur er und seine Schwester Sieglinde konnten lesen.

Gunter verstand was vom Bogenschießen. Gernot verstand was vom Schwertkampf. Giselher verstand was vom Lesen und Schreiben. Aber das, was er da gelesen hatte, gefiel weder ihm noch seinen Brüdern und erst recht nicht der armen Sieglinde, die bleich wie Schnee auf dem Schemel neben dem Feuer hockte.

Die Nachricht war fürchterlich. Die Nachricht war schrecklich. Die Nachricht war total bescheuert. Und das so kurz vor Weihnachten. Die Nachricht war: ein Heiratsantrag.

Das allein hätte weder die drei edlen Ritterbrüder noch ihre Schwester Sieglinde vor Schreck aus den Rüstungen und Gewändern gehauen. Im Gegenteil. Sieglinde wollte liebend gern heiraten. Allerdings hatte sie eine ziemlich klare Vorstellung davon, wer den Heiratsantrag stellen sollte: Hagen von Hagen, der so gut roch, so lustig war und niemals rumschrie. Und der aus dem fernen Hagen in Westfalen zu ihnen geritten war, nur um Sieglinde zu besuchen.

Aber der Heiratsantrag, den Giselher in den Händen hielt, der war vom fürchterlichen Oswald von Klobenstein!

Oswald war ein mächtiger, zaubernder Ritter, der auf der anderen Seite des Tales auf Burg Klobenstein wohnte. Er war nur von Raben und Geiern umgeben, denn jeder Mensch auf der Burg war entweder mit grünem Gesicht davongerannt oder gleich tot umgefallen – wegen Oswalds grässlichem Mundgeruch. Und dieser fürchterliche Kerl wollte Sieglinde von der *Schönen Aussicht* heiraten.

Das waren keine schönen Aussichten. Das waren abscheuliche Aussichten.

»Wir könnten den Brief einfach wegschmeißen«, schlug Giselher vor und warf das Schreiben ins Kaminfeuer.

Aber es war wie verhext: Der Brief ging in Flammen auf, flatterte dann wie neugeboren aus dem Feuer und legte sich direkt auf Sieglindes Schoß.

»Igitt, nimm das weg!«, rief die sofort.

»Wir könnten sagen, dass Sieglinde nicht will«, schlug Gernot vor.

Aber Gunter schüttelte den Kopf. »Das würde Oswald nicht interessieren. Nein, wir haben nur eine Chance: Wir müssen behaupten, dass Sieglinde schon versprochen ist. Und dann wird im Kampf entschieden, wer sie heiraten darf.« Gunter schlug mit der Faust auf sein Kettenhemd. »Wir besiegen Oswald natürlich. Das ist sicher. So mächtig er auch sein mag. So schlecht er auch riechen mag: Er ist ein alter, schlapper Sack und wir sind drei Ritter in den besten Jahren. Den hauen wir locker aus dem Sattel!«

Sieglinde seufzte. »Und wen werde ich dann heiraten?«

»Wen du willst«, sagte Gunter. »Aber entscheide dich schnell, denn er muss auch gegen uns kämpfen.«

Da brauchte Sieglinde nicht lange nachzudenken. Nur eines machte ihr Sorgen: »Ihr werdet den lieben Hagen von Hagen doch hoffentlich in seiner Rüstung nicht so verbeulen und zerdeppern, dass ich ihn nur noch mit dem Schmied herausschälen kann, oder?«

»Hagen von Hagen. Das ist eine gute Wahl, Sieglinde«, sagte der kleine Giselher. »Der ist zwar nicht stärker als wir …«

»Überhaupt nicht«, pflichtete Gernot bei.

»Kein Stückchen«, war sich auch Gunter sicher.

»Aber das macht ja nichts«, fuhr Giselher fort. »Wir lassen ihn einfach gewinnen, nachdem wir Oswald vom Pferd gepustet haben.«

Für Sieglinde klang das nach einem perfekten Plan und sie zog sich etwas beruhigt in ihr Schlafgemach im Südturm der Burg zurück.

Gunter winkte seine Brüder näher ans Feuer. Er sah aus der Fensteröffnung über das Tal zur Burg Klobenstein. Der Schnee rieselte leise auf die Burgen und das Land dazwischen.

»Wir müssen uns in Acht nehmen, Leute. Dieser Oswald ist ein falscher Hund. Würde mich nicht wundern, wenn der mit faulen Tricks versucht uns zu besiegen.«

Gernot ballte die Fäuste. »Das soll er nur wagen, der blöde Klappersack!«

Aber Gunter ließ vorsichtshalber die Wachen verstärken, während Giselher dem braven Hagen von Hagen den Tipp gab, Sieglinde sofort einen Heiratsantrag zu machen, falls er Lust hätte, sie zu heiraten. Hagen von Hagen war begeistert und schrieb einen wunderschönen Antrag, den er Sieglinde persönlich vorsang. Doch auch er musste gegen die drei Brüder im Kampf bestehen.

Als Termin wurde der 25. Dezember vereinbart.

Oswald von Klobenstein lachte so laut, dass sich die Geier vor Schreck erhoben, als er diese Antwort auf seinen Antrag erhielt. »Kämpfen? Einverstanden! Gegen die drei Waschlappen werde ich locker gewinnen«, sagte er zu seinem Lieblingsraben Rocky. »Die werden sich wundern.«

Der finstere Ritter ging in seine Giftküche, mischte eine Zauberpaste zusammen und füllte sie in ein Tongefäß. Dann holte er sich seine besonderen Kleider aus der Klamottenkiste.

Tags darauf klopfte eine alte, krumme Frau an die Tore der Burg *Schöne Aussicht*. Sie hatte ein Klafter Holz auf dem Rücken, an ihrem Gürtel baumelte ein Tongefäß.

»Ich bringe das Holz für den Schmied«, sagte sie.

Die Wachen von Burg *Schöne Aussicht* ließen sie herein. Denn niemand erkannte, wer diese alte Frau in Wahrheit war.

Sie ging tatsächlich zum Schmied und da lagen

die Waffen der drei Brüder bereit: der Langbogen von Gunter, das Schwert von Gernot und eine ganze Waffensammlung von Giselher, mitsamt seiner längsten Lanze.

Die alte Frau legte dem Schmied das Klafter Holz hin. »Das ist ein Geschenk für unsere tapferen Ritter, mögen sie im Kampf gewinnen.«

Doch der Schmied hörte gar nicht zu. Erstens, weil er nie auf das hörte, was alte Frauen sagten, und zweitens, weil seine Ohren von dem ständigen Gehämmere so klingelten, dass er sowieso fast nichts und niemanden hörte.

»Diese Paste macht die Träger der Waffen unbesiegbar!«, rief die alte Frau dem Schmied ins Ohr und zeigte auf ihren Topf.

»Pastete? Lecker!«, sagte der Schmied und fragte sich gleichzeitig, wie jemand so einen tierischen Mundgeruch haben konnte.

Darum war es ihm auch egal, als die alte Frau die Waffen mit dem Zeug einrieb. Hauptsache, sie nervte ihn nicht weiter mit ihrem Mundgeruch. Außerdem hatte sie ja Holz gebracht und das konnte er für sein Feuer gut gebrauchen. Also ließ er sie machen.

Auch die Wachen ließen die alte Frau unbehelligt aus der Burg *Schöne Aussicht* spazieren. Schließlich sollten sie darauf achten, dass Oswald von Klobenstein

oder seine Kundschafter nicht *in* die Burg kamen. Wer die Burg verließ, konnte ja keine Gefahr für die drei Ritter sein.

»Und ihr seid euch wirklich und ehrlich ganz sicher, dass das gut geht?«, fragte Sieglinde frühmorgens am Tag der Entscheidung.

Die Brüder Gunter, Gernot und Giselher nickten entschlossen.

»Wir hauen erst den Oswald aus dem Sattel, dann machen wir einen Scheinkampf mit deinem Hagen von Hagen und schon könnt ihr zwei heiraten.«

»Heirachten an Weihnachten«, dichtete der kluge Giselher und freute sich schon auf den Hochzeitsschmaus.

Dann legten die drei Ritter ihre Ritterrüstungen an.

Der Schnee auf dem Kampfplatz war von den Knappen platt getrampelt worden. Schließlich wollten sie Oswald ja nicht in einer Schneeballschlacht besiegen, sondern im ehrlichen Kampf. Gunter hatte schöne Fahnen in allen Farben aufhängen lassen. Die Bewohner der Burg und des Dorfes am Fuß der Burg standen als Zuschauer bereit. Der Wundarzt und der Schmied standen auch bereit, um Wunden zu versorgen und Waffen zu reparieren.

Gunter, Gernot und Giselher traten auf den Balkon

und grüßten ihre Untertanen, die ihnen freudig zu-jubelten.

Dann kamen die beiden Brautwerber: Erst ritt Hagen von Hagen auf einem schönen weißen Pferd auf den Burghof. Er verneigte sich artig vor den drei Rittern und rief: »Ich bin gekommen aus dem fernen Hagen in Westfalen, aus dem Land der Grafen von Berg, um eure Schwester zu heiraten.«

»Hui«, rief ein Burgfräulein. »Der ist ja knuffig.«

Hinter Hagen flog ein Rabe auf den Burghof, ge-folgt von drei Geiern. Dann erst kam er, der finstere Mann: Oswald von Klobenstein. Er steckte in einer durch und durch schwarzen Ritterrüstung.

»So, dann wollen wir mal, dann wollen wir mal«, sagte der finstere Oswald. Kaum hatte er den Mund aufgemacht, wichen die Leute zurück. Das wollte echt keiner riechen.

Als Sieglinde auf dem Balkon erschien, verneigte er sich und grinste schief: »Ah, die schöne Sieglinde! Seid gegrüßt, holdes Fräulein!«

Sieglinde nickte brav, aber ihrem kleinsten Bruder Giselher flüsterte sie zu: »Hau ihn bloß aus den Lat-schen. Der ist ja ekelhaft!«

Dann war es endlich so weit. Oswald würde als Ers-ter gegen die drei Ritter kämpfen und machte sich be-reit.

Giselher fragte sich insgeheim, warum dieser Schuft von einem alten, klapprigen Ritter so siegessicher grinste. Der musste doch Angst haben. Immerhin war Gunter zweimal so stark wie er, Gernot einen Kopf größer und selbst Giselher war diesem alten Sack überlegen.

Doch als Gunter seinen Langbogen spannte und den ersten Pfeil auf Oswald abschießen wollte, passierte es: Der Schild des finsteren Ritters schimmerte kurz zwischen rosa und hellgrün. Ein feiner Lichtblitz zischte auf die Waffen von Gunter zu. Und schon verwandelten die sich in das, was sie mal gewesen waren: Statt dem Langbogen hatte Gunter eine Erle in der linken Hand. Statt einer Sehne Brennnesseln. Und sogar die Federn am Ende des Pfeils wurden zu einem Hühnchen, das aufgeregt über den verschneiten Kampfplatz flatterte.

Die Leute lachten. Aber nur für einen sehr kurzen Augenblick. Denn nun stand Gunter ohne Waffe da, während der grinsende Oswald mit seiner Lanze auf ihn zuritt.

Im letzten Moment rief Gunter: »Okay, okay, ich gebe mich geschlagen! Du hast gewonnen.«

Oswald grinste zufrieden. Sieglinde fiel fast in Ohnmacht.

»Gernot, mach ihn fertig!«, flehte sie ihren zweiten Bruder an.

Gernot fackelte nicht lange. Er klappte das Visier seines Helms herunter, nahm sein großes Schwert in beide Hände und forderte Oswald zum Duell heraus. Oswald von Klobenstein kletterte von seinem Pferd. Wieder hielt er den Schild hoch. Und wieder blitzte ein rosaroter und grüner Lichtstrahl auf.

Da verwandelte sich auch das Schwert von Gernot in das, was es mal gewesen war: ein Klumpen Eisenerz. Der Klumpen war so groß und unhandlich, dass er dem wackeren Ritter aus der Hand glitt, während Oswald sein Schwert zog und es auf ihn richtete.

»Okay, okay, ich ergebe mich ebenfalls«, sagte Gernot. Denn erschlagen lassen wollte er sich auf keinen Fall.

Sieglinde schwankte. Ihr wurde für einen kurzen Augenblick schwarz vor Augen. Aber ihr kleiner Bruder Giselher fing sie auf.

»Jetzt reicht's!«, fauchte er. Anscheinend arbeitete dieser blöde, stinkende Oswald mit einem fiesen Zaubertrick. Also nahm sich Giselher einfach alle Waffen, die er finden konnte – seine Lanze, sein Schwert, sein Messer, seine Axt – und galoppierte damit auf Oswald zu.

Oswald hielt wieder seinen Zauberschild hoch. Aus dem Schwert und dem Messer wurden prompt zwei

Klumpen Erz, die Giselher dem blöden Stinksack entgegenschleuderte.

Aber sie waren zu schwer und flogen nicht weit. Doch Giselher gab nicht auf. Er trieb sein Pferd scharf an, senkte seine Lanze und hielt sie fest. Es war eine sehr lange Lanze. Und sie war aus einem einzigen Stück Holz gefertigt. Als der Lichtblitz von Oswalds Zauberschild die Lanze traf, verwandelte die sich in einen Tannenbaum! Einen mit kräftigem Stamm, herrlich dichten Zweigen und einer Spitze, die schön gerade gewachsen war.

Der kleine Giselher ließ sich von dieser Verwandlung überhaupt nicht beeindrucken. Ihm war es vollkommen egal, ob er den blöden Oswald mit einer Lanze, einem Tannenbaum oder einer Bratpfanne aus dem Sattel hob.

Hauptsache, ich gewinne und rette Sieglinde vor diesem Ekelpaket, dachte Giselher, als er ungebremst auf den alten Ritter zupreschte.

Im fliegenden Galopp drehte er den Tannenbaum geschickt in der Luft herum und zielte mit dem dicken Ende vom Stamm genau auf den Brustpanzer des alten Oswald.

Oswald riss die Augen auf und den Schild hoch. Er öffnete den Mund, aber noch ehe er etwas sagen oder heraustinken konnte, war Giselher zur Stelle. Der jüngste der drei Ritter traf genau: Der Tannenbaum krachte mit so viel Schwung auf Oswalds Rüstung, dass der alte Ritter im hohen Bogen aus dem Sattel flog und auf seinem Hinterteil neben dem Pferd landete.

Die Zuschauer klatschten und johlten und lachten, als Giselher seinen Baum hochhielt.

»Giselher! Giselher!«, jubelten sie.

Und einige riefen: »O Tannenbaum! O Tannenbaum!«

Der besiegte Oswald von Klobenstein aber zog sich ein paar piekende Tannennadeln aus der Nasenspitze, schimpfte leise vor sich hin und ritt geschlagen aus der Burg.

Als nun Hagen von Hagen an die Reihe kam, ergaben sich Gunter, Gernot und Giselher sofort kampflos. Die Zuschauer waren begeistert! Und der Pfarrer begann sofort mit der Hochzeit.

»Bevor uns noch so ein verrückter Brautwerber in die Quere kommt«, flüsterte Sieglinde ihrem geliebten Hagen ins Ohr.

So feierten sie Weihnachten und Heirachten direkt in einem Aufwasch.

Zum Zeichen des großartigsten Sieges aller Zeiten auf Burg *Schöne Aussicht* stellte Giselher seine Lanze, den Tannenbaum, im Burghof auf. Die drei Brüder schmückten ihn mit Kerzen und Kugeln aus Glas. Und sie hängten auch jede Menge Geschenke für die Kinder und alle Untertanen dran.

Bis spät in die Nacht tanzten die Bewohner von Burg *Schöne Aussicht* um ihren Tannenbaum und sangen:

»O Tannenbaum, o Tannenbaum,
wie treu sind deine Blätter.
Und gibt's mit Oswald wieder Streit,
dann ist mein Tannenbaum bereit.
O Tannenbaum, o Tannenbaum,
wie treu sind deine Blätter.«

Gunter, Gernot und Giselher hatten nie wieder Streit mit dem alten Oswald von Klobenstein. Denn jedes Jahr zu Weihnachten stellten sie einen Tannenbaum auf dem Burghof auf. Sie schmückten ihn, zündeten Kerzen an und tanzten drum herum. Wenn Oswald das von ferne sah, verging ihm jedes Mal alle Lust, seine Nachbarn anzugreifen.

Das funktionierte so wunderbar gut, dass es die alte Ritterfamilie so beibehielt. Die Kinder, Enkel und Urenkel der drei Ritter und ihrer Schwester brachten ihren Kindern, Enkeln und Urenkeln diesen Brauch bei: »Zu Weihnachten stellen wir eine Tanne auf, schmücken sie und beleuchten sie mit Kerzen. Das sieht hübsch aus, bringt Glück und hält die bösen Nachbarn vom Leib.«

Weihnachtsinseln

An Weihnachten steckten wir fest.

Die Schwarze Rose, das schnellste Piratenschiff, das die Karibik je gesehen hat, war am Riff zerschellt und gesunken. Zwanzig Mann hatten wir dabei verloren. Käpten Redsnapper war fuchsteufelswild und wir Übrigen hatten verflixt schlechte Laune. O Mann, hatten wir schlechte Laune. Vom ersten Offizier Kralle bis runter zu mir, dem Schiffsjungen, den alle nur Bohne nannten, war keiner genießbar. Wir waren auf einer einigermaßen einsamen Insel gestrandet, der Rum war alle, das Essen wurde knapp und uns wurde langweilig. Wie immer durften wir nicht singen, noch nicht mal ein Weihnachtsliedchen, und das hat uns vollends den Rest gegeben.

Denn über die Piraten der Schwarzen Rose kann man sagen, was man will: Wir waren üble Kerle, keine

Frage; wir waren brutal und streitsüchtig, absolut; wir gönnten dem König nicht mal den Dreck unter den Fingernägeln, zugegeben; aber wir hatten auch eine gute Seite. Unsere musikalische Seite. Wir konnten singen und liebten Musik. Alle, bis auf einen.

Dummerweise war der eine, der Musik hasste wie die Pest und sang wie eine sterbende Auster, ausgerechnet unser Käpten. Redsnapper konnte es nicht leiden, wenn wir irgendwelche Lieder zum Besten gaben, und er drohte jedem, der auch nur ein Tönchen trällerte, Zunge und Ohren abzuschneiden.

Alles in allem sah es also nach einem richtigen Drecks-Weihnachten aus, als wir auf dieser verflixten Insel irgendwo in der Karibik in der sommerlichen Dezembersonne festsaßen. Dabei hätte alles so schön sein können:

Von der Pirateninsel Tortuga aus waren wir aufgebrochen, um eine richtig große Kaperfahrt zu unternehmen. Wir überfielen ein paar Handelsschiffe und konnten den Bauch der Schwarzen Rose mit Gold und Silber in gewaltigem Wert füllen. Aber dann mussten wir vor den Leuten des Königs ausreißen und steuerten dabei auf das große Riff zu. Unser Schiff lag durch die schwere Ladung so tief im Wasser, dass es auf Grund lief. Der Boden wurde von den Felsen einfach aufgeschlitzt. Das war das Ende der Schwarzen Rose.

Sie lief voll und sank in wenigen Minuten so schnell wie unsere gute Laune.

Am ersten Weihnachtsmorgen begann die Mannschaft zu murren. Manche sprachen von Meuterei. Aber das war Quatsch: Wir hatten kein Schiff, wir saßen auf dieser verflixten Insel fest. Da ergab eine Meuterei, ein Aufstand gegen den Käpten, überhaupt keinen Sinn. Obendrein war Redsnapper der Einzige von uns, der sich hier einigermaßen auskannte. Einigermaßen. Er wusste, dass es in der Nähe ein paar Fischer gab. Er wusste, dass es im Westen eine Nachbarinsel gab, die nicht weit entfernt war. Tatsächlich konnten wir diese Insel bei guter Sicht mit bloßem Auge erkennen.

Um uns bei Laune zu halten, sagte Käpten Redsnapper am Weihnachtsabend: »Also, Leute, hört mir zu. Diese Fahrt ist nicht ganz so gelaufen, wie wir das geplant hatten. Aber es kann noch alles gut ausgehen. Denn ich kenne mich hier ein bisschen besser aus, als ihr denkt. Auf der Insel, drüben im Westen, habe ich einen schönen, großen Schatz vergraben. Den werde ich mit euch teilen. Jeder kriegt gleich viel, so wie wir immer geteilt haben. Frohe Weihnachten allerseits und miteinander.«

»Frohe Weihnachten«, grummelte die Mannschaft als Echo.

»Ay, das klingt nicht schlecht!«, rief der Koch.

»Aber die Sache hat einen Haken«, bemerkte Kralle, der nun mal der Klügste von uns war. »Wie zum Henker sollen wir von dieser Insel runterkommen?«

Da saß die Mannschaft schön in der Tinte mitten auf dem Strand.

»Wir bräuchten ein …«, sagte Redsnapper gerade, als ich es sah.

»Schiff!«

»Klar bräuchten wir ein Schiff, aber …«

»Da ist ein Schiff«, sagte ich. »Da drüben!«

Tatsächlich konnten wir den Mast eines Schiffes erkennen, das nur eine Bucht weiter gelandet war. Die Mannschaft wollte sofort hinrennen, aber Redsnapper war ein guter Pirat. Er schickte erst mal mich und Kralle als Kundschafter los. Die anderen versteckten sich vorsichtshalber.

Wir schlugen uns durch die Büsche auf die Bucht zu.

»Bohne, Bohne, das hier ist nicht ohne!«, raunte Kralle mir zu, als wir das Schiff erblickten.

Für mich sah das aus wie ein ganz normales Fischerboot mit zehn Mann Besatzung. Vermutlich hatten die sich nur verfahren oder wollten einen Wal jagen, der sie aber abgehängt hatte. Oder der Wal hatte sich den Bauch so vollgeschlagen, dass er jetzt neben der Schwarzen Rose auf dem Riff festhing. Aber dann

machte mich Kralle auf etwas aufmerksam und das kam auch mir merkwürdig vor: Die Männer waren damit beschäftigt, Palmzweige abzupflücken und sie zum Schiff zu bringen.

»Was soll das?«, fragte ich Kralle.

Der zuckte mit den Schultern.

Die Männer schienen keinen Spaß zu haben. Im Gegenteil. Die meisten machten ziemlich mürrische Gesichter und sahen aus, als stünden sie auch kurz vor der Meuterei.

»Wir müssen näher ran und hören, was sie sagen«, meinte Kralle.

Also robbten wir uns im Schutz der Pflanzen an die Gruppe heran, bis wir sie schließlich belauschen konnten. Und da glaubte ich dann nicht mehr, dass das einfach nur Fischer oder Walfänger waren.

Die waren zwar gekleidet wie Fischer. Aber die redeten nicht über Fische, Netze oder den größten Fang, den sie gemacht hatten. Sie sagten sehr klar und deutlich:

»Die Prinzessin geht mir gewaltig auf die Nerven!«

»Mir auch.«

»Warum schmeißen wir die Prinzessin nicht einfach über Bord oder lassen sie hier sitzen?«

»Du weißt genau, dass das nicht geht.«

Kralle und ich hatten genug gehört. Das war kein

einfaches Fischerboot. Das waren Soldaten des Königs, die sich als Fischer verkleidet hatten, damit seine Tochter, die Prinzessin, nicht entführt wurde. Wir sahen uns an, grinsten und nickten. Jetzt hatten wir nicht nur ein Schiff. Wir hatten auch noch eine prima Geisel.

Mit dem Lösegeld würde ich mir endlich einen schönen Bauernhof kaufen, mitsamt Vater und Mutter. Dann würde ich Bohnen ziehen und die verkaufen. Denn das war mein größter Wunsch. Die erste Bohne, die ich einpflanzen würde, hatte ich immer in meiner Hosentasche bei mir.

Wir schlichen zurück zu den anderen. Der Käpten rieb sich die Hände, als er unsere Nachricht hörte, und gab uns den Befehl zum Entern. Wir schwärmten aus und schlichen uns von allen Seiten zur Bucht. Auf das Zeichen des Käpten stürmten wir mit wildem Gebrüll aus dem Gebüsch und überrannten die Soldaten des Königs, die sich als Fischer verkleidet hatten. Die ergaben sich sofort. Kampflos.

»Lächerlich, diese Waschlappen«, maulte der Käpten, der normalerweise nichts gegen ein kleines Duell oder zumindest eine ordentliche Schlägerei einzuwenden hatte. »Der König hatte auch schon mal bessere Männer.«

»Wieso König?«, fragte einer der Soldaten. »Wir sind nur ein paar Fischer von der Nachbarinsel und …«

»Jajaja, blablabla«, unterbrach Käpten Redsnapper und lachte dreckig. Dann richtete er seinen Degen auf die Nasenspitze des Mannes. »Mir macht ihr nichts vor! Ich bin Käpten Redsnapper! Und ich entführe hiermit die Prinzessin! Haha! Alle Mann von Bord, nur die Prinzessin, die bleibt drauf. Und ihr …« Er musterte die Soldaten. »Ihr haltet die Klappe, wenn euch euer Leben lieb ist.«

Der mit dem Degen vor der Nase wollte etwas erwidern, aber einer seiner Kollegen stieß ihn kräftig in die Rippen. Offensichtlich hatte er ziemliche Angst vor dem Käpten.

Als das Fischerboot leer war, sprangen wir an Bord, lichteten den Anker, setzten das Segel und nahmen Kurs auf die Schatzinsel.

»Was soll das? Wo sind meine Palmzweige? Die hatte ich doch bestellt, ihr Halunken!«, schimpfte gleich darauf eine Mädchenstimme.

Ich hatte immer gedacht, dass eine Prinzessin wahnsinnig schön, groß und in edle Gewänder gehüllt ist und auf einem Thron sitzt. Aber diese Prinzessin hier, die sah aus wie ein Fischermädchen. Sie hatte genauso fadenscheinige Kleider an wie ich, war nicht gerade blitzsauber und besonders vornehm benahm sie sich auch nicht.

»Wer seid ihr überhaupt?«, fragte sie.

Redsnapper verneigte sich. »Ich bin Käpten Redsnapper, Prinzessin. Und wir entführen dich gerade.«

»Blödsinn«, sagte die Prinzessin. »Ihr kriegt tierischen Ärger. Erst mit mir und dann mit Papa. Aber ich will heute mal nicht so sein, schließlich ist Weihnachten. So. Und jetzt schmückt ihr gefälligst das Schiffchen. Und dann will ich ein paar Weihnachtslieder hören. In zwei Stunden ist Bescherung, Männer!«

Ich hatte noch nicht viele Prinzessinnen entführt. Also eigentlich war es meine erste. Und Käpten Redsnapper und dem Rest der Mannschaft ging es genauso. Aber eines war klar: Hier an Bord hatte der Käpten das Sagen. Und der hatte jetzt keine Lust auf ein Weihnachtsfest. Er wollte den Schatz holen, den König erpressen und dann erst feiern. Und die Bescherung, die war die Prinzessin doch selbst.

Die sah das allerdings ganz anders. Als die Mannschaft nach fünf Minuten noch immer nicht anfing das Schiff zu schmücken, wurde sie fuchsteufelswild. Sie sprang auf dem Deck herum und rief: »Ich will Weihnachten! Und wenn ich will, dann will ich!«

»Ist mir aber egal, du blöde Göre!«, hielt der Käpten dagegen. »Ich kassiere Lösegeld und fertig. Hier wird nicht geschmückt und nicht gesungen. Wir sind schließlich Piraten, verdammt!«

Jetzt begann die Prinzessin so laut zu schreien, dass

das Meer schäumte, weil alle Delfine und Wale gleichzeitig Reißaus nahmen.

Aber den Käpten beeindruckte das nicht.

Da kletterte die Prinzessin auf die Reling und rief: »Wenn wir nicht sofort Weihnachten feiern, dann stürz ich mich ins Wasser! Und dann kannst du kein Lösegeld mehr für mich fordern, du Esel!«

Käpten Redsnapper erbleichte. Kein Lösegeld. Das klang nicht gut. Das klang schlecht. Sehr schlecht sogar. »Komm da runter!«, befahl er.

»Nur wenn du Bitte sagst und versprichst, dass wir Weihnachten feiern.«

Redsnapper verdrehte die Augen. Jeden anderen hätte er für so eine Frechheit direkt über Bord geworfen. Aber bei einer waschechten Prinzessin musste selbst der Käpten eine Ausnahme machen. »Also gut, also gut. Komm da runter, bitte! Und ja, wir feiern Weihnachten.«

Das hätte der Käpten nicht sagen sollen. Denn nun kommandierte uns die Prinzessin herum, als wäre sie eine Königin. Das Deck wurde geschrubbt, die Takelage geputzt, das Schiff mit Seetangnetzen geschmückt, weil es keine Palmwedel gab. Als Krönung musste Kalle sogar Seesterne aufhängen.

»Jetzt fehlen nur noch die Lieder und die Geschenke!«, freute sich die Prinzessin drei Stunden später.

»Geschenke, genau«, freute sich der Käpten. »Die holen wir jetzt an Bord.« Wir hatten inzwischen nämlich die Schatzinsel fast erreicht. »Aber Lieder kannst du vergessen! Auf meinem Schiff wird nicht gesungen.«

Dachte er. Die Prinzessin schüttelte bloß den Kopf und sang lauthals: »O du fröhliche!«

Da hielt der Käpten sich die Ohren zu. Dann suchte er nach einer Luke, in die er kriechen konnte. Schließlich fand er eine alte Kiste, versteckte sich darin und übergab erst mal Kralle das Kommando.

»Na los, na los, singt mit!«, rief die Prinzessin nun.

Wir wussten erst nicht so recht, ob wir jetzt echt durften. Aber als Kralle nickte, da schmetterten wir das Weihnachtslied so laut über den Ozean, dass wir es mit jedem Nebelhorn aufnehmen konnten. Die Prinzessin war begeistert.

»Ihr seid ja ein echter Piratenchor!«, jubelte sie.

Der Käpten kam erst wieder zum Vorschein, als wir auf der Schatzinsel landeten. Zu der Singerei sagte er kein Wort, aber er war echt schlecht gelaunt. Er zog sein Unterhemd aus und betrachtete die Tätowierung auf seinem dicken Bauch. Das war seine Schatzkarte. Dann stiefelte er los und wir stiefelten hinter ihm her. Sogar die Prinzessin nahmen wir mit, obwohl der Käpten sie lieber zurückgelassen hätte.

Aber die Prinzessin sagte: »Ich denk nicht dran! Wenn Bescherung ist, will ich dabei sein!«

Es war eine Bescherung. Und was für eine!

Wir gruben drei Kisten voller Gold- und Silberschmuck aus. Ein Stück war schöner und wertvoller als das nächste. Das würde nicht nur für meinen Bauernhof mit Eltern reichen. Davon konnte ich mir ganze Ländereien kaufen!

»Super! Wahnsinn! So eine Bescherung habe ich ja noch nie erlebt!«, freute sich die Prinzessin. »Und das wollt ihr alles an arme Leute spenden? Ihr seid ja echt tolle Kerle! Ich wusste gar nicht, dass das Piratenleben so schön sein kann. Darauf singen wir doch noch ein Weihnachtsschatzliedchen!«

»Stopp! Aufhören!«, rief der Käpten. »Erst mal schaffen wir die Beute aufs Schiff und dann sehen wir weiter!«

Dass Käpten Redsnapper nicht dran dachte, auch nur ein halbes Kupferstück an arme Leute zu spenden, Weihnachten hin, Prinzessin her, das war allen klar. Im Gegenteil, er würde die Prinzessin auch noch verhökern und sich dann zur Ruhe setzen.

So sah sein Plan aus und nicht anders. Nur leider ging er schief.

Wir hatten gerade die drei Kisten zum Strand geschleppt, als wir selbst überfallen wurden. Es waren die als Fischer verkleideten Soldaten, die wir auf unserer Insel zurückgelassen hatten. Irgendwie hatten die es geschafft, sich ein neues Boot und Verstärkung von echten Fischern zu organisieren. Mit wildem Gebrüll und bewaffnet mit Messern, Äxten, Pistolen, Gewehren und Paddeln stürmten sie aus dem Gebüsch hervor und umzingelten uns. Es sah schlecht aus. Verflixt schlecht. Wir waren geliefert. So schnell, wie die Fischer uns mit ihren Netzen gefesselt hatten, waren wir noch nie gefangen worden.

Dann trat ein großer, dicker Mann vor. Der musterte erst uns. Dann entdeckte er die Prinzessin.

»Elena, was machst du denn wieder für Sachen?«, fragte er.

Die Prinzessin sah verlegen auf den Boden. »Na ja, deine Jungs, die wollten nicht so, wie ich wollte. Aber wenn ich will, dann will ich. Und da habe ich deine Jungs eben durch diese Piratenjungs ersetzt. Die sind aber echt super, Papa. Die können singen!«

»Papa?«, fragte der Käpten. »Der Fischer da ist dein Papa? Und seine Jungs sind keine Soldaten, sondern Fischer?«

Der große Mann nickte finster. »Allerdings! Und meine Jungs haben mir erzählt, du wolltest meine Tochter entführen, Pirat!«

Der Käpten schüttelte den Kopf. »Quatsch, das

müssen die falsch verstanden haben. Wir wussten ja gar nicht, dass das deine Tochter ist.«

»Nee, wir dachten, die wäre 'ne echte Prinzessin und wir werden stinkreich von der Entführung, oder, Chef?«, platzte der Koch dazwischen.

»Du bist so gut wie gegrillt!«, knurrte der Käpten.

»Wieso? So war es doch. Ist doch nicht unsere Schuld«, sagte der Koch.

»Schweig endlich!«, fauchte der Käpten.

Aber es war schon zu spät. Die Fischer lachten sich schlapp über uns. Wir hatten Elena, die Tochter des dicken Fischers, für eine echte Königstochter gehalten, nur weil die Männer sie als Prinzessin bezeichnet hatten.

Tja, da lagen wir nun. Die Fischer hatten unseren Schatz und die Prinzessin, und wir hatten wieder kein Schiff und waren bis auf die Knochen blamiert. Aber es kam noch schlimmer.

»Piraten verdienen nur eine Strafe«, sagte der Fischer. »Den Strick.« Er wollte uns echt aufhängen. Alle Mann. Und das an Weihnachten.

Elena sprang vor und redete auf ihren Vater ein: »Nein, Papa, das kannst du nicht machen! Das sind ganz ehrbare Piraten. Die haben mir kein Haar gekrümmt. Die sind auch gar nicht so gefährlich. Guck nur, wie schön die das Schiff geschmückt haben. Also richtig finstere Piraten, die machen so was nicht. Und ihren Schatz wollten sie an arme und bedürftige Menschen spenden und davon haben wir doch jede Menge im Dorf. Und sie haben super Stimmen, genau richtig für unseren Fischer-Chor. Die kannst du nicht abschnüren, diese Goldkehlchen! Es ist doch Weihnachten! Da werden keine Leute aufgehängt. Nur Süßigkeiten.«

Sie redete weiter und weiter und erklärte ihrem Vater, dass wir sowieso lieber Fischer und Bauern wären als Piraten und darum wahnsinnig gerne bei ihnen im Dorf wohnen würden, und dass der Käpten die Straßen in Ordnung bringen wollte und so weiter und so fort.

Wenn man alles zusammennimmt, waren wir echt nette Leute und niemand wäre je im Traum darauf gekommen, uns als Piraten zu bezeichnen. Der Käpten guckte auch ganz lieb und brav, bis der Fischer sagte: »Okay. Versuchen wir es. Hängen kann ich euch ja immer noch. Ihr spendet euren Schatz, baut uns neue Straßen und dürft dafür auf unserer Insel leben.«

Die Mannschaft jubelte: »Yippiii!«

Der Käpten knurrte: »Landratte. Ich werd doch keine Landratte.« Aber auch er willigte ein, denn besser als gehängt zu werden war das allemal.

Ich fand Elena super. Sie hatte uns nicht nur das Leben gerettet. Sie hatte auch dafür gesorgt, dass ich endlich das Leben führen konnte, das ich mir immer gewünscht habe: Auf ihrer Insel lebten zwei alte Leute, die einen Bauernhof, aber keine Kinder hatten. Bei denen durfte ich wohnen.

Ein Bauernhof mit Eltern. Das war das schönste Weihnachtsgeschenk, das je ein Piratenjunge bekommen hat.

Wir leben seitdem alle glücklich und zufrieden auf der Insel. Wer es an Land nicht aushält, fährt mit den Fischerbooten raus. Und wem der Seewind zu rau ist, der kann zu Hause bleiben und Bohnen anbauen, so wie ich. Wir lachen viel und singen noch mehr. Elena hat uns sogar Noten beigebracht und in Havanna Liederbücher für uns besorgt. Jetzt haben wir den ersten und besten Expiratenchor der ganzen Karibik.

Nur der Käpten, der wird immer merkwürdiger. Ich bin mir nicht ganz sicher, ob er sich nicht doch bald wieder in ein wildes Abenteuer stürzt. Neulich zum Beispiel ist er nachts durchs Dorf geschlichen und hat Sachen geklaut. Seine Beute hat er in einen Sack gesteckt, mit dem er um Mitternacht auf den Hügel gestiegen ist, um ihn dort zu vergraben. Elena und ich haben es genau gesehen, denn wir sind ihm heimlich gefolgt.

Kaum war er weg, haben wir den Sack natürlich wieder ausgebuddelt.

»Nun sag schon, was ist drin?«, fragte Elena, als ich an der Schnur zog.

Aber ich konnte es nicht sagen. Sprachlos zog ich den Sack weiter auf und hielt ihr ihn hin. Da sah auch Elena, was Redsnapper geklaut hatte: die Liederbücher.

Piñata und Anuas

»Mehr Geld? Das heißt …«

»Klar doch, große Weihnachtsgeschenke. Riesige Weihnachtsgeschenke!« Papa streichelte Nele über den Rücken. Nele kuschelte sich an Papa. Endlich hatte es geklappt: Papa bekam eine neue Arbeit, war von seinem alten, bescheuerten Chef weg und konnte nun selbst ein bescheuerter Chef werden.

»Oder ein guter«, sagte Papa.

»Hattest du schon mal einen guten Chef?«, fragte Nele.

»Nee, die waren immer bescheuert. Aber irgendwer muss ja auch mal die Ausnahme sein, oder?«

Nele freute sich gleich doppelt. Einmal für Papa, weil er endlich das machen konnte, was er wollte. Und einmal für sich selbst, weil sie nun noch größere Weihnachtsgeschenke bekommen würde: Die Ski-Ausrüstung und das Snowboard würden bestimmt beide gehen.

Mama kam jetzt auch in Neles Kinderzimmer.

Das war nicht normal. Das machte sie abends nur in Not- und Trauerfällen. Als Opa gestorben war, waren Papa *und* Mama in Neles Zimmer gekommen. Und als Nele am Hals operiert werden musste, auch. So gesehen hätte Nele sich gleich denken können, dass irgendwas nicht stimmte, als Mama sich aufs Bett setzte und so ernst guckte. Aber Nele freute sich viel zu sehr: Sie würde alles kriegen, was sie sich gewünscht hatte – und das war nicht gerade wenig. Sie wollte die Liste noch einmal mit Papa durchgehen und erklären, warum Skier *und* ein Snowboard eben doch sinnvolle und pädagogisch wertvolle Geschenke waren.

Aber Mama sagte: »Hast du es ihr schon gesagt?«

»Na klar, hat er«, platzte Nele dazwischen. »Papa kriegt einen neuen Job, wird der erste nicht-bescheuerte Chef der Welt und ich kriege das Snowboard *und* die Skier. Das ist alles super und auch pädagogisch tipptopp, wegen der Bewegungsförderung!«

Mama sah Papa ernst an. Dann sah sie Nele an. Und Papa sagte: »Na ja, der Job ist schon prima, am Montag soll ich schon anfangen. Aber was ich dir noch nicht gesagt habe, ist: Die Firma ist in Buenos Aires, also Argentinien, Südamerika.«

Nele kicherte. »Kneif mich mal ins Ohr, Papa. Hörte sich gerade so an, als hättest du Argentinien gesagt.«

Papa machte manchmal solche Witze. Er erzählte irgendeinen Quatsch, nur um dann zu lachen, und Nele musste dann auch immer lachen. Wenn er sie ins Ohr kniff, dann sagte er danach die Wahrheit. Aber diesmal kniff Papa Nele nicht ins Ohr. Denn es war schon die Wahrheit.

»Ich werde am Montag am Schreibtisch in Buenos Aires sitzen.«

Als Nele kapierte, dass Papa das ernst meinte, kapierte sie nichts anderes mehr. Wieso Südamerika? Und was war mit Nele und Mama? Sollten die etwa hier in Wilhelmshaven bleiben? Und Oma? Blieb die etwa allein in Sande zurück?

»Und was wird aus uns?«, fragte Nele leise und schluckte.

Papa wuschelte ihr durchs Haar. »Ihr kommt natürlich mit! Wir haben schon eine super Wohnung gefunden. Mit Pool auf der Dachterrasse. Und an der deutschen Schule bist du auch schon angemeldet. Spanisch lernst du bestimmt irre schnell.«

»Das wird cool«, sagte Mama.

Pool? Argentinien? Cool? Ihre Eltern hatten wohl eine Meise! Das kam doch alles gar nicht in Frage!

»Was soll ich mit einem Pool mitten im Winter?«, fragte Nele. »Soll ich da etwa Schlittschuh laufen?«

»Äh ...« Papa wollte etwas sagen, aber Nele war schneller.

»Und überhaupt: Was wird aus Zoe und Phil und Yilmaz, ohne mich? Das sind meine Freunde, habt ihr das total vergessen?«

»Äh, Moment ...«, unterbrach Papa, aber Nele redete einfach weiter.

»Mit wem soll ich denn Schlitten fahren?«

»Also ...«

»Und Schneemänner bauen?«

»Halt mal kurz die Luft an!«, sagte Papa.

Nele dachte gar nicht dran. »Und den Tannenbaum, den schmück ich doch immer mit Oma, nehmen wir die etwa mit? Und was ist mit unserer Weihnachtssauna? Bauen wir unsere Sauna aus und schleppen die im Flugzeug mit? Ich kann die Kälte nicht ewig ertragen. Ich brauche eine Sauna. Unsere Sauna.«

»Da ist Sommer«, sagte Mama knapp.

Jetzt war Nele sprachlos. Wie? Sommer? An Weihnachten? Ja hatten denn diese Argentinier die völlige Macke? Oder ließen die Weihnachten einfach ausfallen?

»Wie ... so ... wieso?«, stammelte Nele. Jetzt hatte sie echt keine Lust mehr auf Papas neuen Job.

»Argentinien liegt auf der Südhalbkugel«, erklärte Mama. »Die haben im Dezember Hochsommer. Kalt wird es da im Juli und August.«

»Dann geh ich nicht mit«, sagte Nele.

»Nele, das ist Quatsch. Du musst mit. Du kannst doch nicht allein hierbleiben«, sagte Papa.

»Doch, kann ich.« Nele kroch unter ihre Bettdecke. »Ich bleibe bei Oma in Sande.«

»Das wird gut in Argentinien. Versprochen. Und wir feiern da das größte Weihnachtsfest von allen!«, sagte Papa.

»Ohne Schnee ist das Mist«, sagte Nele.

»Schnee haben wir hier doch auch so gut wie nie an Weihnachten«, sagte Mama. »Und Sommer ist eine super Jahreszeit.«

Papa streichelte Nele über den Kopf: »Komm, gib Südamerika eine Chance, Nele.«

Nele verdrehte die Augen. Immer musste sie allem eine Chance geben. Den Erbsen, die sie nun mal nicht mochte; Christopher, den man nun mal so schön ärgern und verprügeln konnte; und sogar der Geige, die sie lieber gegen eine E-Gitarre eingetauscht hätte. Okay, das mit Christopher hatte gestimmt: Als Nele ihm eine Chance gegeben hatte, war der schon netter geworden. Aber ein Leben ohne ihre Freunde Zoe, Yilmaz und Phil konnte sie sich so wenig vorstellen wie

Weihnachten im Hochsommer. Und ohne Oma und ohne Sauna.

»Was wird aus Oma?«

»Die kommt uns besuchen«, versprach Mama.

Nele schloss die Augen. Da war ja wohl jede Diskussion zwecklos. Ihre Eltern hatten einfach entschieden.

Warum dürfen Erwachsene über die Köpfe von Kindern hinweg entscheiden? Und Kinder nicht über die Köpfe von Erwachsenen? Das war doch einfach total ungerecht. Und dabei waren es doch die Erwachsenen, die immer so viel von Gerechtigkeit erzählten.

An diesem Abend schlief Nele erst spät ein. Und mit grummeliger Grummellaune.

Die änderte sich auch in den nächsten Tagen nicht, als sie die Ski-Ausrüstung und die coole Daunenjacke, die sie in der Stadt gesehen hatte, von der Wunschliste strich. Ihre Laune sank noch tiefer in den Keller, als sie sich von Yilmaz, Zoe und Phil verabschiedete. Und als Oma sie zum Flughafen brachte, wurde die Laune auch nicht besser. Nur im Flugzeug, während ein Spielfilm lief, vergaß Nele für anderthalb Stunden ihre schlechte Laune.

Ein bisschen besser wurde die Laune dann, als sie eine Ewigkeit später aus dem Flugzeug stieg: Der Himmel war wolkenlos und es war plötzlich Hochsommer.

35 Grad im Schatten. Klasse. Bestes Wetter für den Pool.

»Das war ein Lächeln!«, freute sich Papa, als er Neles Gesicht sah.

»Das war nur ein Hauch von Lächeln«, sagte Nele und guckte sofort wieder grummelig. So einfach würde Papa nicht davonkommen.

Sie fuhren endlos durch diese endlose Stadt. Nele schlief immer wieder ein. Irgendwann waren sie dann doch angekommen.

Die neue Wohnung war unglaublich groß und jedes Zimmer hatte ein eigenes Bad. Nele war sprachlos. Damit hatte sie nicht gerechnet. Und der Pool auf dem Dach war echt nicht schlecht, dagegen konnte Nele nichts sagen. Nur eine Sauna gab es nicht, aber die fehlte im Augenblick natürlich auch nicht so richtig, bei den Temperaturen.

Nele badete gleich am ersten Tag eine Runde. Ein Junge, etwa so alt wie sie, stand am Beckenrand herum.

Hoffentlich ist das kein Blödmann, dachte sie. Sprechen wollte sie lieber nicht mit ihm. Schließlich konnte sie nur »Guten Tag« und »Danke« auf Spanisch sagen.

Der Junge guckte. Dann ging er weg. Seltsamer Typ.

Nele drehte noch eine Runde. Das würde das dämlichste Weihnachtsfest ihres Lebens werden. Garantiert. Die Sonne schien. Sie konnte kein Spanisch. Und ihre Eltern waren mit Koffern, Kisten und dem ganzen Mist beschäftigt. Ihre Freunde waren weit weg, Oma und die Sauna auch. Eine einzige Frechheit, dieses Argentinien.

Immerhin besorgte Papa einen Weihnachtsbaum. War zwar aus Plastik, aber schmücken konnte Nele den trotzdem.

Am 21. Dezember morgens klingelte eine Frau an der Tür. »Buenos días, Nele!«, sagte sie.

»Buenos días!«, antwortete Nele, die geöffnet hatte, und wusste nicht weiter. Mehr Spanisch konnte sie nun mal nicht.

»Ich bin Paula«, sagte die Frau nun plötzlich auf Deutsch. »Ich glaube, du hast meinen Sohn Paco gestern am Pool getroffen.«

Da kam auch schon Mama aus dem Wohnzimmer. »Paula, wie schön, dass du so schnell konntest, komm rein!«

»Paula ist deine Spanischlehrerin, Nele«, sagte Mama. »Und meine auch. Wolltest du nicht schon immer mal mit mir in einer Klasse sein?«

Nele seufzte. Schon wieder hatten Mama und Papa über ihren Kopf hinweg entschieden. Das würden die wohl niemals lernen. Aber Paula war nett. Und die erste Stunde lief gut. Die zweite Stunde auch. Und ab der dritten Stunde hatte Nele Mama abgehängt.

Am Nachmittag kam Paula noch einmal. Sie schob Paco, den schweigsamen Jungen vom Pool, vor sich her. »Ihr solltet natürlich eigentlich nur Spanisch miteinander sprechen, Nele«, sagte Paula. Dann grinste sie verschmitzt. »Aber Pacos Papa ist Deutscher und spricht mit ihm nur Deutsch.« Sie guckte plötzlich wieder wie eine strenge Lehrerin und fügte hinzu: »Aber lass dich beim Deutschsprechen nicht von deiner strengen Spanischlehrerin erwischen!«

Nele lachte. Paco lachte auch. Und Nele atmete auf. Doch noch ein Kind, das Deutsch konnte!

Paco war ein klarer Lichtblick in diesem verrückt warmen Dezember. Schneemänner und Schneeballschlachten konnte sie zwar vergessen, aber schwimmen, tauchen, Comics lesen und im Schatten kühle Getränke schlürfen waren ja auch keine schlechten Beschäftigungen. Und das alles hatte Paco drauf.

Trotzdem war Nele nicht so richtig weihnachtlich zu Mute, als sie am 24. Dezember morgens am Pool saßen. Paco schien das zu merken.

»Was ist so schrecklich an Weihnachten, dass du so traurig bist?«, fragte er.

Nele seufzte. Sie vermisste Oma. Und ihr Zimmer. Und die Kälte. Und ihre Freunde.

Das konnte Paco natürlich verstehen.

»Normalerweise gehen wir an Weihnachten immer in unsere Sauna. Du weißt schon, schwitzen.« Nele ließ die Beine ins Wasser baumeln.

»Klar weiß ich, was eine Sauna ist«, sagte Paco. »Wir haben vor zwei Jahren noch in Finnland gewohnt. – Aber die Sauna habe ich, ehrlich gesagt, hier nicht vermisst. Jedenfalls nicht im Sommer.«

Nele winkte ab. »Schon klar. Ich brauche hier jetzt keine Sauna. Nur irgendwie ist alles falsch, verstehst du? Oma ist nicht da und die Kälte ist nicht da.«

Paco schwieg. Er schien zu überlegen. Plötzlich sprang er auf. »Ich muss los«, sagte er und rannte ins Haus.

»He, warte! Sehen wir uns heute noch? Oder morgen? Ansonsten schöne Weihnachten!« Aber Paco war schon verschwunden.

Nele trottete zurück in ihre Wohnung. Sie schaltete den Computer ein und schrieb Oma eine E-Mail. Dass es einen Jungen gab, der Paco hieß, schrieb sie ihr. Und dass der ganz nett sei, aber leider schon wieder wegmusste. Und dass sie kein richtiges Weihnachtsgefühl habe in dieser Hitze.

Am Abend war es endlich so weit: Die Sonne schien zwar um sechs Uhr noch fröhlich, aber Papa klingelte trotzdem mit dem Glöckchen. Nele und Mama durften ins Weihnachtszimmer. Der Plastikbaum leuchtete und es gab jede Menge Geschenke.

»Die Ski-Ausrüstung habe ich mal gegen ein Surfbrett eingetauscht«, sagte Papa und grinste.

Nele freute sich wirklich. Und sie hatte auch Geschenke für Papa und Mama: Beide kriegten Sonnenhüte mit Weihnachtsmännern und Engelchen, die Nele ausgeschnitten und aufgeklebt hatte. Ihre Eltern lachten und setzten die Hüte gar nicht mehr ab. Aber so richtig weihnachtlich fühlte sich Nele noch immer nicht. Die Plätzchen, die Mama gebacken hatte, schmeckten irgendwie auch ganz seltsam bei den Temperaturen. Wer isst schon Spekulatius bei 36 Grad?

»Ach Nele, jetzt zieh nicht so ein Gesicht!«, sagte Mama. »Gib uns eine Chance und Argentinien auch. In einer Woche geht ja auch die Schule los, dann lernst du mehr Kinder kennen und dann wird das schon werden.«

Nele sagte lieber nichts. Sie wusste ja, dass ihre Mutter Recht hatte. Aber es war trotzdem zum Heulen, Weihnachten ohne das verzauberte Weihnachtsgefühl zu feiern.

Es klingelte.

Paula und ihr Mann standen vor der Tür. Allerdings konnte Nele die beiden erst nicht erkennen, denn sie hatten ein riesiges, grinsendes Monster aus Pappmaschee in den Armen.

»Frohe Weihnachten, Nele!«, sagte Paula. »Paco kommt auch gleich. Weißt du, was eine Piñata ist?«

»Äh. Nö. Eigentlich nicht«, sagte Nele.

»Das hier!«, sagte Pacos Papa Sebastian und zeigte auf das riesige Monster. »Hast du einen Knüppel?«

Neles Eltern fielen fast in Ohnmacht, als sie das Monster sahen. »Was habt ihr vor?«

Aber Paula winkte ab. »Wir bringen Nele zum Lachen. Wartet es nur ab! Wir brauchen nur ein bisschen Platz. Kommt mit rauf auf die Dachterrasse!«

Oben auf der Terrasse war es noch hell und warm. Sebastian hängte die Figur mit einem Strick an einem Mast auf. Dann kam endlich auch Paco rauf aufs Dach. Er hatte zwei Holzknüppel dabei.

»Frohe Weihnachten!«, sagte er und grinste so, als hätte er ein Geheimnis. »Habt ihr schon angefangen?«

»Womit?«, fragte Nele.

»Mit der Piñata«, sagte Paco.

Ehrlich gesagt hatte Nele keine Ahnung, was sie mit dem riesigen Monster anfangen sollte. Es sah echt hässlich aus. Irgendwie schon schräg und lustig, aber nicht so, dass es da hängen bleiben musste. Aber dann erklärten Paco und Paula die Spielregeln. Die waren ganz einfach: »Nimm einen Knüppel und hau das Ding kaputt und warte ab, was rauskommt!«

Kaputt hauen? Das konnte Nele.

Paco gab ihr einen der Holzknüppel ab. Und dann schlugen sie beide mit wildem Geschrei auf das Monster ein. Nele ließ ihre ganze Traurigkeit und Wut los und so knallte das Holz ordentlich auf das Monster, bis es plötzlich platzte. Und da kamen sie raus: Süßigkeiten, Bonbons, Kaugummis, eine riesige Menge!

»Nele hat gewonnen! Hurra!«, rief Paula und lachte und klatschte. »Das ist alles deins!«

Nele staunte nicht schlecht. Das war ja ein verrücktes Spiel. Aber irgendwie schon klasse. Und sie durfte echt die ganzen Süßigkeiten behalten und musste nichts abgeben?

»In Deutschland wird an Weihnachten geteilt«, mischte Mama sich wieder ein.

»Moment, Mama!«, sagte Nele da. »Ich teile mit Paco. Weil er mein Freund ist. Und weil Weihnachten ist. Aber das entscheide ich und nicht du! Ihr habt nämlich für die nächsten fünfzehn Jahre schon genug über meinen Kopf hinweg entschieden!«

Mama sah Nele ernst an und sagte dann: »Kapiert, Nele. Versprochen.«

Nele teilte den Bonbonberg in zwei Hügel und schob Paco den rechten zu.

»Echt? Das alles ist für mich?«, fragte der.

»Logisch«, sagte Nele. »Es fühlt sich zwar nicht so an, aber es ist Weihnachten.«

Beim Wort Weihnachten fielen ihr Oma und ihre Freunde und die Kälte ein. *Weihnachten gehört einfach in den Winter*, dachte sie und wurde doch wieder traurig.

»Kommt, wir gehen runter und essen Nachtisch«, sagte Papa. »Der reicht locker für uns alle.«

»Aber vorher habe ich noch ein Geschenk für Nele«, sagte Paco. Er hatte eine Plastiktüte in der Hand. Aber die wollte er Nele noch nicht geben.

»Es ist nur was Kurzes. Aber vielleicht gefällt es dir ja.«

Pacos Eltern und die Eltern von Nele sollten auch mitkommen.

Sie mussten aus dem Haus gehen und einmal um die Ecke, zur Metzgerei. Dort bog Paco ab in den Hof des Ladens. Hier klingelte er und der Metzger machte ihnen die Tür auf.

Er grinste und sprach mit Paco und seinen Eltern auf Spanisch, dann musterte er Nele und lachte.

»Macht der sich über mich lustig?«, fragte Nele Paco, als sie weitergingen.

»Nein, kein Stück. Er kann sich nur nicht vorstellen, dass jemand an Weihnachten Winter haben will. Das fühlt sich für ihn falsch an.«

Der Metzger führte sie bis vor eine schwere Edelstahltür.

»Augenblick!«, sagte Paco. »Ich muss das Schild noch aufhängen. Und dann geht es los.«

Nele musste sich umdrehen.

»Fertig!«, sagte Paco.

An der Tür baumelte nun ein Pappschild mit fünf großen Buchstaben: A N U A S.

»Mein Geschenk für dich, Nele! Eine Runde Anuas.«

»Ist das auch so was wie Piñata?«, fragte Nele, als Paco die schwere Edelstahltür öffnete.

Paco lachte. »Quatsch! Anuas ist Sauna rückwärts! Hier gehst du rein, wenn du die Kälte vermisst.« Jetzt endlich machte er seine Plastiktüte auf. Darin lagen Wintermützen und Schals für jeden.

Denn hinter der Stahltür war der Kühlraum der Metzgerei. Das Fleisch lagerte hier in hohen Wagen. Ein Thermometer an der Wand zeigte die Temperatur an: minus 18 Grad Celsius. In der vorderen rechten Ecke hatte Paco einen Bereich abgehängt und zwei Klappstühle, vier Hocker und einen Campingtisch hingestellt. Auf dem Tisch stand ein winziger Tannenbaum und daneben eine Schneekugel mit einem Schneemann.

Der Metzger reichte ihnen auch noch Wolldecken, damit sie sich nicht verkühlten.

»Danke, Paco!«, hauchte Nele. Ihr war saukalt in

den kurzen Hosen. Trotzdem sog Nele die Kälte einmal tief in sich ein. So wie sie in der Sauna immer die Wärme in sich aufsaugte. Und als es kälter und kälter wurde und sie ihre Eltern und Pacos Eltern und Paco durch die Schneekugel ansah, da war es plötzlich da: das Gefühl von Weihnachten.

Dann aber wurde es Nele echt zu kalt.

»Okay, okay, Weihnachten im Hochsommer ist vielleicht doch gar nicht soooo schlecht«, gab sie zu. »Und jetzt her mit dem Nachtisch und dann ab an den Pool.«

»Und?«, fragte Papa kurz vor Mitternacht. »Ist es immer noch Mist hier?«

Nele lag mit Papa in der Hängematte auf dem Balkon. Paco und seine Eltern waren inzwischen in ihre Wohnung gegangen, Mama war hundemüde ins Bett gesunken. Nele überlegte. Die Kälte fehlte ihr nicht mehr. Das hatte Paco mit seiner Anuas geschafft. Sie zog die dünne Decke über sich. Die Hängematte schaukelte sanft hin und her. Nele schüttelte müde den Kopf. »Argentinien ist total verrückt, Papa. Aber total verrückt ist manchmal auch nicht schlecht.«

Papa atmete auf. Er streichelte Nele und am nächsten Morgen konnten beide nicht mehr sagen, wer von ihnen eigentlich zuerst in der Hängematte auf dem Balkon eingeschlafen war.

Kommissar Schlotterteich
und die Krähenbande

Eines ließ sich Kommissar Schlotterteich bei all der hektischen Besinnlichkeit und besinnlichen Hektik vor Weihnachten nicht nehmen, da konnten noch so viele Geschenke gebacken, Tannen gekauft und Plätzchen gefällt werden: Die letzte Skatrunde des Jahres mit dem Polizeipräsidenten und einem stets wechselnden Gastspieler war ein fest vereinbarter Termin. Dieses Mal würde die geniale und berühmte Dirigentin Eva Marlene zur Sommerheide, die mit Schlotterteich zur Schule gegangen war, als Dritte im Bunde mit am Tisch sitzen. Schlotterteich freute sich riesig auf diesen Abend, denn Eva Marlene spielte nicht schlecht Skat!

Pünktlich um 20 Uhr saß der Kommissar mit seinen beiden Spielpartnern im *Rostigen Posthorn* und mischte die Karten. Es war der pure Genuss: Sie tranken Rhabarberschorle und Schlotterteich hatte in diesem Jahr nicht nur Glück mit der Liebe (seine Frau hätte er glatt noch einmal heiraten können) und den Dieben (selbst die Krähenbande würde Weihnachten hinter Schloss und Riegel feiern), sondern auch noch Glück im Spiel. Mit seinen Karten, seinem messerscharfen Verstand und seinem völlig coolen Pokergesicht gewann er eine Runde nach der nächsten.

Gegen halb zwölf gab der Polizeipräsident gähnend auf. Er hatte nicht nur haushoch, er hatte sogar hoch-haushoch verloren.

»Es reicht, Schlotterteich, das war Ihr Weihnachts-geschenk von mir. Mehr kriegen Sie in diesem Jahr nicht. Mehr haben Sie nicht verdient«, sagte der Polizei-präsident etwas knurrig, als Schlotterteich die Punkte zusammengezählt hatte.

Sie waren eben schlechte Verlierer, diese Präsiden-ten. Schon immer gewesen.

»Von mir kriegst du trotzdem noch ein Geschenk«, sagte die Dirigentin Eva Marlene zur Sommerheide und schob dem verdutzten Kommissar vier Eintritts-karten über den Tisch. »Für dich und deine Familie. Die letzten Karten zum Weihnachtskonzert morgen Abend.«

Schlotterteich war sprachlos.

Das Weihnachtskonzert hatte er in den letzten zehn

Jahren niemals versäumt. Es gehörte für Familie Schlotterteich so fest zu Weihnachten wie die hektische Besinnlichkeit, das Kaminfeuer, Schlotterteichs Skatrunde und der schiefe Tannenbaum. Aber in diesem Jahr war das Konzert seit Monaten restlos ausverkauft. Denn Eva Marlene zur Sommerheide war nicht irgendeine Dirigentin! Sie dirigierte die Staatskapelle von Astrusien. Die gehörte zu den besten Orchestern weltweit und trat jedes Jahr nur einmal in Deutschland auf: zu Weihnachten. Und dieses Jahr in Schlotterteichs Heimatstadt. Zu einem solchen Konzert kam das Publikum aus ganz Europa angereist.

»Danke!«, murmelt der Kommissar verlegen. »Wenn ich das geahnt hätte, hätte ich dich glatt gewinnen lassen.«

»Ach!«, sagte der Polizeipräsident. »Sind Sie also doch bestechlich, Schlotterteich?«

»Okay, Sie können mich verhaften, Herr Präsident«, sagte der beste Kommissar des Jahres scherzhaft und legte seine Handschellen auf den Tisch.

Der Polizeipräsident wollte etwas erwidern. Aber da klingelten zwei Handys gleichzeitig: das von Eva Marlene zur Sommerheide und das des Polizeipräsidenten. Die beiden hörten, sie sprachen und sie erbleichten.

»Die hier brauchen Sie wohl noch heute Nacht.«

Der Präsident schob Schlotterteich die Handschellen wieder zu.

»Was ist passiert?«, fragte der Kommissar.

Eva Marlene zur Sommerheide konnte vor Schreck nicht sprechen.

Der Präsident sagte: »Die Krähenbande ist ausgebrochen. Die sollten den Weihnachtsbaum auf dem Gefängnishof schmücken, sind aber seitdem im Gefängnis nicht mehr gesehen worden.«

»Nein!« Schlotterteich stand auf und wollte direkt zum Gefängnis fahren, um die Halunken wieder einzufangen.

»Sitzen bleiben!«, befahl der Polizeipräsident. »Es kommt noch schlimmer.«

»Wie? Was? Warum?«, fragte der Kommissar fassungslos. Was konnte da noch schlimmer sein? Konrad, Klaus und Konstanze Krätzer, genannt die Krähenbande, waren ein übles, ein berüchtigtes, ein landesweit gefürchtetes Verbrechertrio. Niemand kannte ihre Pläne. Niemand wusste, was sie als Nächstes stehlen und auf dem Schwarzmarkt verkaufen würden. Selbst die toten Fliegen in der Blumenvase des Pfarrers waren vor der Krähenbande nicht sicher.

Deshalb hatte sich Schlotterteich ja auch so gefreut, dass er dieses Trio kurz vor Weihnachten noch schnappen und einbuchten konnte.

»Wissen Sie etwa schon, was die drei planen?«, fragte er den Polizeipräsidenten.

Der Polizeipräsident sah Eva Marlene zur Sommerheide an. Eva Marlene sagte mit zitternder Stimme: »Die Instrumente sind weg.«

»Ja, ja, schon klar, darum kümmern wir uns später, wenn ...« Schlotterteich stutzte. »Moment, Moment. Du meinst doch nicht etwa die Instrumente deines Orchesters?«

Die Dirigentin nickte. »Die lagen alle noch in unserem Sattelschlepper, der hinter dem Konzerthaus geparkt war. Unser Orchesterwart hat gerade angerufen. Der LKW ist verschwunden und mit ihm alle Geigen, Celli, Harfen, Posaunen, Kontrabässe, Pauken und Trompeten, Triangeln, Piccoloflöten und ...«

Schlotterteich winkte ab. Das sah der Krähenbande ähnlich. Ein ganzes Orchester auszurauben. Und das kurz vor Weihnachten.

»Sie haben einen Zettel hinterlassen, Schlotterteich«, sagte der Polizeipräsident.

»Wer?«

»Die Krähenbande. An der Pforte des Konzerthauses haben sie den abgegeben. Eine Nachricht für Sie!«

»Und die lautet?«, fragte der Kommissar.

»*Bevor du unser Weihnachtsfest versaust, versauen wir deins! Kräh-kräh*«, sagte der Polizeipräsident.

Schlotterteich schnappte sich die Handschellen. Diese Krähen konnten was erleben. Das war ja nicht nur ein dreister Diebstahl. Das war obendrein auch noch eine hundsgemeine Frechheit. Aber wie hatten die drei es angestellt, in so kurzer Zeit auszubrechen, ihm eine Nachricht zu hinterlassen und mit dem Sattelschlepper des Orchesters von Astrusien zu verschwinden?

Keine fünf Minuten später war der Kommissar am Tatort. Der Pförtner und der Orchesterwart standen als Zeugen bereit. Aber beide hatten nicht viel mitgekriegt. Der rosarote Sattelschlepper mit der großen Aufschrift »Hier spielt die Musik!« war einfach vom Parkplatz verschwunden. Und der Pförtner konnte sich auch nicht mehr an den Mann erinnern, der ihm den Zettel gegeben hatte. Von den drei Krähen, deren Fotos Schlotterteich ihm zeigte, erkannte er jedenfalls keinen wieder.

»Komplizen«, murmelte Schlotterteich. »Die Krähen haben Komplizen. Mindestens einen.«

Zum Glück ist so ein rosaroter Sattelschlepper eine Seltenheit. Schlotterteich fragte sich durch die Kioskbesitzer und die Taxizentrale und natürlich durch alle Streifenwagen der Polizeikollegen und er hatte, wie immer in diesem Jahr, Glück: Zwei Polizisten hatten den rosaroten LKW gesehen. Er war zum Güterbahnhof gefahren. Schlotterteich und die beiden Polizisten von der Streife fanden ihn zwischen den großen Lagerhallen.

Schlotterteich zückte schon sein Handy, um Eva Marlene zur Sommerheide zur Wiederbeschaffung der Instrumente zu gratulieren, als einer der beiden Polizeikollegen bemerkte, dass das Schloss der Ladeklappe geknackt und die Klappe einen Spalt offen stand. Schlotterteich öffnete sie ganz und sah – nichts. Gähnende Leere schlug ihm entgegen.

Er ließ das Handy sinken. Die Krähen hatten mal wieder ganze Arbeit geleistet! Sauber entleert und sogar ausgefegt war der Anhänger. Nur ein Zettel lag darin.

»*Zu spät, Schlottersack!*« stand darauf.

Der Kommissar zerknüllte diesen Zettel wütend. Er sah sich auf dem Gelände des Güterbahnhofs um. Hier standen jede Menge Container und Güterwagons vor den Lagerhallen. Bis sie die alle durchsucht hatten, wäre Weihnachten jedenfalls gelaufen und das Konzert längst vorbei.

»Wo sollen wir anfangen?«, fragte einer der Polizeikollegen.

Schlotterteich überlegte kurz. Er hatte keine Ahnung. Und wie immer, wenn er nicht weiterwusste, tat er einfach das, was er in der Polizeischule gelernt hatte:

»Wir sichern jetzt erst mal alle Spuren und machen Fotos für den Bericht.«

Die beiden Polizeikollegen verdrehten die Augen. Das Schreiben von Berichten war nicht gerade eine beliebte Aufgabe unter den Beamten.

Schlotterteich öffnete die Tür des Fahrerhäuschens. Hier entdeckte er nicht viel: Es gab Fingerabdrücke und der Tank war fast leer. Neben dem Gaspedal sah er dann aber noch einen Zettel.

»Das ist der Fall der tausend Zettel«, murmelte der Kommissar, als er das Papier aufhob. War das etwa noch eine Unverschämtheit von den Krähen für ihn?

»Ihr Weihnachtskonzert können Sie in diesem Jahr jedenfalls vergessen«, sagte der eine Polizeikollege.

»O nein!«, sagte Schlotterteich. »Das vergesse ich nicht. Ich werde hingehen.«

»Aber wir brauchen Tage und Wochen, bis wir alle Container hier überprüft haben. Selbst wenn wir alle Polizisten der Stadt zusammenziehen.«

Schlotterteich schüttelte den Kopf und reichte den Kollegen den Zettel. »Hier steht, wo wir sie finden: die Instrumente, die Krähen und ihre nichtsnutzigen Komplizen.«

Die Beamten sahen den Zettel an. Sie verstanden nur Bahnhof. Güterbahnhof, um genau zu sein.

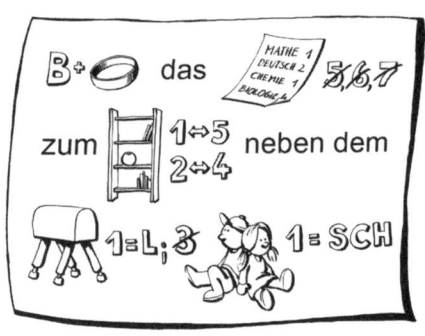

Keine zwölf Stunden später saßen die Krähen und ihre fünf Komplizen, die Schlotterteich auf frischer Tat ertappt hatte, wieder im Gefängnis. Der Kommissar hingegen saß auch. Aber im Konzertsaal. Vor ihm auf der Bühne stimmten die Musiker ihre Instrumente ein. Sie waren alle da: die Musiker und die Instrumente. Von der ersten Geige bis zur letzten Triangel. Nichts war verloren gegangen.

»O Mann, wenn die blöden Krähen sich nicht hätten erwischen lassen, hätten wir jetzt schon Bescherung«, maulte Schlotterteichs Sohn.

Aber dann kam Eva Marlene zur Sommerheide auf die Bühne und hob den Taktstock. Das Licht wurde dunkel im Saal und hell auf der Bühne. Eva Marlene holte mit dem Taktstock aus und dann erstrahlte das Orchester von Astrusien im schönsten Klang. Alle waren ganz still, selbst Schlotterteichs Sohn sagte kein Wort. Und als sie in die Pause spazierten, um sich eine Rhabarberschorle zu besorgen, nahm er seinen Vater sogar in den Arm.

»Ist doch gut, dass du die Verbrecher verhaftet hast, Papa. Das ist das schönste Konzert, dass ich je gehört habe.«

»Und die Geschenke verschwinden ja nicht in der Zwischenzeit, oder?«, fragte Schlotterteichs Tochter.

Kommissar Schlotterteich lächelte zufrieden. »Nein, nein. Die Krähen habe ich ja auf frischer Tat ertappt und noch am Güterbahnhof verhaftet. Mitsamt ihren fünf Komplizen. Und der Gefängnisdirektor hat hoch und heilig versprochen sie nicht wieder so schnell laufenzulassen.«

»Da möchte ich aber auch sehr drum bitten«, sagte in diesem Augenblick Eva Marlene zur Sommerheide, die mit fünf Gläsern Rhabarberschorle zu ihnen in den Erfrischungsraum kam. »Frohe Weihnachten, meine liebe Schlotterteiche!«, sagte sie.

Die vier Schlotterteichs nahmen sich je ein Glas, stießen mit der Dirigentin an und riefen: »Prost!«

Lösung:
Bring das Zeug zum Lager neben dem Lok-Schuppen

Päckchen auf – und ab ins Abenteuer!

Charlotte Habersack
Bitte nicht öffnen
Band 1: Bissig!
240 Seiten
Taschenbuch
ISBN 978-3-551-31786-5

»Bitte nicht öffnen!« steht auf dem geheimnisvollen Päckchen, das Nemo bekommt. Nemo macht es natürlich trotzdem auf ... und dann passieren drei Dinge: 1. Eine Plüschfigur springt heraus, ein verfressener Yeti-Ritter namens Icy-Ice-Monsta! 2. Draußen schneit es – und das mitten im Sommer! 3. Der Yeti wird groß. Zweieinhalb Meter groß! Während die Kleinstadt Boring in Schnee und Eis versinkt, kommen Nemo und seine Freunde ordentlich ins Schwitzen. Denn wie, bitte schön, versteckt man einen Yeti? Ein turbulenter Wettlauf gegen die Zeit beginnt.

CARLSEN

www.carlsen.de

Mein lieber Weihnachts-schwan!

Andreas Steinhöfel
Rico, Oskar und das Vomhimmelhoch
272 Seiten
Gebunden
ISBN 978-3-551-55665-3

Weihnachten in der Dieffe: volles Programm und nichts läuft nach Plan! Die Bäume sind zwar geschmückt, aber wer mit wem feiert, wird noch einmal kräftig durchgemischt. Und warum verschwindet ständig so viel Essen – füttert Oskar da etwa noch jemanden mit durch? Als nun auch noch ein Schneesturm über Berlin hereinbricht und niemand mehr rauskann, ist das Chaos perfekt. Und keiner ahnt, dass auf Rico und Oskar nicht nur eine, sondern gleich zwei große Überraschungen warten …

www.carlsen.de